LES

CENT ET UNE.

LETTRES BIBLIOGRAPHIQUES

A

M. L'ADMINISTRATEUR GÉNÉRAL DE LA BIBLIOTHÈQUE NATIONALE

PAR M. PAUL LACROIX
(BIBLIOPHILE JACOB),

MEMBRE DE LA COMMISSION DES MONUMENTS HISTORIQUES ET DU COMITÉ
DES MONUMENTS INÉDITS DE L'HISTOIRE DE FRANCE.

Première Série.

1e – 3me *Livraison.*

PARIS
PAULIN, RUE RICHELIEU, 68.

1849

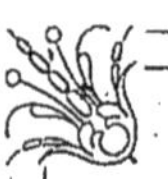

En vente chez le même éditeur.

Réponse de G. Libri au rapport de M. Boucly, publié dans le *Moniteur universel* du 19 mars 1848.—In-8°; prix, 2 francs.

Lettre a M. de Falloux, ministre de l'Instruction publique et des cultes, par G. Libri.—In-8°; prix, 4 fr.; 2e édition.

Lettre a M. Paul Lacroix (bibliophile Jacob), contenant un curieux épisode de l'histoire des bibliothèques publiques, avec quelques faits nouveaux relatifs à M. Libri et à l'odieuse persécution dont il est l'objet, par Ach. Jubinal, ex-professeur à la Faculté des lettres de Montpellier.—In-8°; prix, 1 fr.

Lettre au bibliophile Jacob, au sujet de l'odieuse accusation portée contre M. Libri, avec des recherches bibliographiques sur les collections de ce savant, sur les soustractions commises dans les bibliothèques publiques et sur les livres à estampille, par Gustave Brunet, de Bordeaux. — In-8° ; prix, 1 fr.

Lettres a M. Hatton, juge d'instruction, au sujet de l'incroyable accusation intentée contre M. Libri, contenant de curieux détails sur cette affaire; par M. Paul Lacroix (bibliophile Jacob).—In-8°; prix, 1 fr. 50.

Lettre a M. Naudet, de l'Institut, administrateur général de la Bibliothèque nationale, en réponse à quelque passage de sa Lettre à M. Libri, de l'Institut, par A. C. Cretaine, libraire. — In-8°; prix, 20 cent.

SOUS PRESSE :

Catalogue raisonné des manuscrits rassemblés par M. Guillaume Libri et possédés aujourd'hui par lord Ashburnham; précédé d'un Mémoire sur les Bibliothèques et les Archives publiques de la France, par Paul Lacroix (bibliophile Jacob), membre du Comité des Monuments historiques et du Comité des Documents inédits de l'Histoire de France. — Un vol. in-8°; prix, 1 fr. 50.

Lettre d'un bibliophile étranger a M. Libri, contenant de nouveaux *testimonia* en faveur de ce savant, odieusement calomnié.—In-8°.

Divers Opuscules relatifs à l'affaire Libri, par plusieurs savants et bibliophiles, etc.

La quatrième livraison des *Cent et Une*, *Lettres bibliographiques à M. l'Administrateur général de la Bibliothèque nationale* (première série) paraîtra en décembre. — Prix de la livraison de deux à trois feuilles, 1 fr.

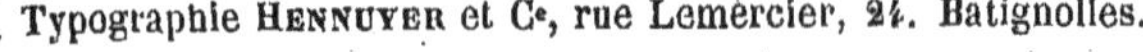

Typographie Hennuyer et Ce, rue Lemercier, 24. Batignolles.

LES

CENT ET UNE.

LETTRES BIBLIOGRAPHIQUES

A

M. L'ADMINISTRATEUR GÉNÉRAL DE LA BIBLIOTHÈQUE NATIONALE

PAR M. PAUL LACROIX

(BIBLIOPHILE JACOB),

MEMBRE DE LA COMMISSION DES MONUMENTS HISTORIQUES ET DU COMITÉ DES MONUMENTS INÉDITS DE L'HISTOIRE DE FRANCE.

Première Série.

PARIS

PAULIN, RUE RICHELIEU, 68.

1849

mprimerie de HENNUYER et Ce, rue Lemercier, 24. Batignolles.

PRÉFACE.

M. Naudet, administrateur général de la Bibliothèque Nationale, a publié, sous prétexte de défendre les droits et les intérêts de l'établissement qu'il dirige, une *Lettre à M. Libri au sujet de quelques passages de sa Lettre à M. Falloux, ministre de l'instruction publique.*

Nous avons déjà répondu à cette Lettre, en ce qui touche notre honorable ami, M. Libri, que M. Naudet, son collègue à l'Institut, n'a pas atteint d'un coup de pied de lion. Voyez notre première réponse dans l'Appendice aux *Lettres à M. Hatton.*

Mais le factum de M. Naudet doit lui attirer bien d'autres réponses au triple point de vue du bibliophile, du bibliographe et du bibliothécaire. Ces réponses viendront en leur temps, sous toutes les formes et dans tous les styles. Il est bon que justice se fasse partout, même en matière de bibliographie.

M. Naudet nous reproche d'avoir quelquefois et trop souvent, à son égard, manqué de ménagement et de convenance dans notre polémique. Eh! mon Dieu! nous avons le malheur d'exprimer toujours avec vivacité ce que nous sentons vivement; en poussant une pointe au directeur de la Bibliothèque du Roi, nous ne pensions pas que l'homme était derrière, et nous avons pu piquer notre savant, sans lui vouloir de mal. Est-ce que Pascal, Voltaire, Beaumarchais, s'amusaient à émousser leurs plumes, lorsqu'ils marquaient au front les Jésuites, les Fréron et les Goëzman? M. Naudet lui-même, qui se donne des airs de Neptune tempérant les fureurs d'Eole, a-t-il moins de griffes, parce qu'il est plus fourré?

Un officier de fortune, Gascon d'origine, le meilleur diable du monde, bon vivant et bon compagnon, avait quelquefois des duels, bien malgré lui, et tuait toujours son homme. « Comment se fait-il, lui dit-on, qu'avec un caractère aussi doux, un esprit aussi liant, un cœur aussi excellent, vous ayez la main aussi malheureuse? Entre gens d'honneur on se bat, d'accord; on se blesse, rarement; mais on ne se tue jamais. — Cadédis! reprit le digne Gascon: qué voulez-vous? jé mé fends trop. »

Je tâcherai donc de me fendre moins, à l'avenir; mais je ne renoncerai pas volontiers à me mesurer avec M. l'Administrateur général, sur le terrain de la Bibliothèque, en usant des armes courtoises de la bibliographie.

M. l'Administrateur général (figure de rhétorique) raille très-attiquement M. Libri de n'avoir su découvrir que neuf ou dix volumes sur les CINQUANTE MILLE que la Bibliothèque Nationale aurait perdus, suivant des calculs *monstrueusement exagérés*. M. l'Administrateur général n'eût été qu'honnête, en remerciant M. Libri d'avoir si généreusement fait rentrer à la Bibliothèque ces neuf ou dix volumes précieux, qui avaient passé en Angleterre et qui s'y seraient sans doute naturalisés comme ceux du même crû que possède maintenant le British Museum.

C'est nous qui avons fixé approximativement à cinquante mille le nombre des volumes manquant à la Bibliothèque Nationale; c'est donc à nous qu'il appartient de démontrer la probabilité de ce nombre, puisque M. l'Administrateur général, qui a fait faire le récolement des anciens catalogues en vingt ou trente in-folios, ne veut pas nous réduire au silence par la déclaration officielle du résultat de son inventaire.

Nous nous engageons, sans figure de rhétorique, à lui remettre successivement, non pas neuf ou onze volumes, non pas vingt, non pas quarante, mais cent, mais deux cents volumes, que nous fourniront sans peine nos recherches de bibliophile. La réintégration de ces volumes nous donnera occasion de constater, coûte que coûte, des absences bien plus regrettables dans la Bibliothèque Nationale, où nous établissons dès à présent notre quartier général et notre champ de bataille.

Nous faisons appel à tous les bibliophiles qui ont découvert ou découvriront des livres à l'estampille de la Bibliothèque Nationale; nous les prions, au nom de la Bibliographie, de nous aider dans notre croisade bibliographique, en nous chargeant de rendre, en leur nom, les livres qu'ils pourraient reconnaître comme ayant appartenu à la Bibliothèque, qui, tôt ou tard, nous l'espérons, aura une administration, un catalogue et un public dignes d'elle. En attendant, M. Naudet fera bien d'aller à Londres pour y apprendre de M. Panizzi, conservateur et organisateur du *British Museum*, ce que c'est qu'un bibliothécaire et une bibliothèque.

Quant à son factum, que nous regardons comme un pauvre écrit et, qui plus est, comme une méchante action, nous aurons soin qu'il n'en reste qu'un triste et honteux souvenir dans l'histoire littéraire de notre époque.

PAUL LACROIX
(BIBLIOPHILE JACOB).

LES

CENT ET UNE.

I.

Monsieur le Directeur,

Aujourd'hui, 23 décembre 1848, entre deux et trois heures de l'après-midi, j'ai trouvé sur un étalage de bouquiniste (à l'entrée du Pont-Royal, à gauche, en venant de la rue du Bac), un volume avec le timbre de la *Bibliothèque Royale.* J'ai acheté ce volume au prix de 30 sous, et je m'empresse de vous le faire remettre, en vous priant de le réintégrer dans le dépôt public auquel il appartient. C'est un exemplaire de la *Nouvelle méthode pour apprendre facilement et en peu de temps la langue latine* (par Lancelot, de Port-Royal) ; Paris, Pierre le Petit, 1656, in-8°. L'ouvrage est rare, parce que les exemplaires ont été détériorés et détruits dans les colléges. Cet exemplaire, en grand papier, relié en veau fauve, par Gascon, porte un *ex-libris* de la main du savant père Quétif; il provient du couvent des Dominicains du quartier Saint-Honoré : il n'est donc entré à la Bibliothèque du Roi qu'avec les livres des couvents supprimés, en 1792, et il n'a donc pu recevoir l'estampille de la *Bibliothèque Royale* que depuis 1815.

Je souhaiterais de grand cœur pouvoir ramener ainsi dans ce bel établissement national les 50,000 volumes qui en ont été détournés, à différentes époques, notamment ceux que j'ai vus en Angleterre dans le commerce de la vieille librairie et même dans le British-Museum ; je ne puis, hélas ! que vous offrir la liste de quelques précieux volumes qui brillent par leur absence à la Bibliothèque Nationale.

Agréez, Monsieur le directeur, l'assurance de ma considération distinguée.

Paul LACROIX
(BIBLIOPHILE JACOB).

23 décembre 1848.

Je vous prie de vouloir bien m'accuser réception du volume que je me fais un plaisir de vous adresser.

II.

Monsieur l'Administrateur,

Hier, 6 juillet, vers trois heures de l'après-midi, j'ai trouvé, sur un étalage de bouquiniste, quai Malaquais, à gauche du pont des Saints-Pères, un volume in-12, portant l'estampille de la *Bibliothèque Nationale* (L. 2069 D.). C'est un exemplaire du *Voyage pittoresque des environs de Paris*, par d'Argenville (3e édit., Paris, Debure père, 1768). Je m'empresse de vous le faire remettre, en regrettant que ce ne soit pas un des volumes précieux qui ne figurent plus que dans les *amissa* de la Bibliothèque, et dont j'espère pouvoir vous offrir bientôt un extrait mortuaire assez considérable.

L'état dans lequel vous revient ce livre, heureusement sans valeur, explique assez qu'il est resté longtemps exposé sur le quai aux intempéries des saisons et à l'enquête des passants. Personne, avant moi, n'avait pourtant remarqué l'estampille de la Bibliothèque, et le pauvre bouquiniste était bien ignorant, je vous assure, de la provenance du volume qu'il possédait, sans doute, fort légitimement. J'ai donc acquis, pour quelques sous, ledit volume ; je n'en regarde pas moins comme très-sage la mesure que vous avez prise, en principe, de ne pas racheter *à bureau ouvert* les livres qui auraient été enlevés à la Bibliothèque, fût-ce sous la garde de Bignon ou de Lenoir.

Quand un inventaire régulier aura constaté, si faire se peut, la situation actuelle de la Bibliothèque confiée à votre administration, j'aime à croire que le bibliothécaire deviendra sérieusement responsable, comme tous les fonctionnaires chargés d'un dépôt public. Alors, le bibliothécaire, pour ne pas être écrasé sous le poids de cette responsabilité, réclamera lui-même, comme une garantie personnelle, les réformes que je demande depuis vingt ans dans l'organisation des Bibliothèques appartenant à l'Etat.

Agréez, etc.

PAUL LACROIX
(BIBLIOPHILE JACOB).

9 juillet 1849.

III.

Monsieur l'Administrateur général,

C'est encore un volume à estampille qui rentre à la Bibliothèque Nationale ; c'est encore moi qui ramène au bercail cette pauvre brebis égarée.

Sopra la lingua primitiva e sopra la confusion de' linguaggi sotto Babele, lezione accademica di Giuseppe Maria Tanzini, Fiorentino. *Roma, della stamperia di Niccolo e Marco Pagliarni*, 1742, petit in-8° de 60 p., broché ; timbre de la Bibliothèque Royale.

Je suis d'autant plus enchanté de vous remettre ce curieux opuscule, qu'il provient du fonds Falconnet (n° 9390), qui a subi des pertes fort regrettables, entre lesquelles je vous signalerai seulement le n° 12254, la plus ancienne édition connue du *Moyen de parvenir,* avec des notes manuscrites.

Vous m'obligerez beaucoup, si vous pouvez m'apprendre un jour que vous avez retrouvé ce rare et précieux volume que j'ai cherché vainement, pour établir le texte de mon édition du livre de Beroalde de Verville.

Agréez, etc.

PAUL LACROIX
(BIBLIOPHILE JACOB).

16 juillet 1849.

P. S. Je saisis cette occasion de vous faire savoir que le savant conservateur du British Museum de Londres, M. Panizzi, vient d'arriver à Paris.

IV.

Monsieur l'Administrateur général,

C'est toujours moi, c'est toujours une nouvelle restitution à faire à l'établissement public que vous administrez.

Celle-ci, comme celle d'hier, est due à la vigilance d'un jeune libraire, aussi honnête qu'intelligent (M. Aubry, rue d'Anjou-Dauphine), qui a reconnu l'estampille de la Bibliothèque Royale et qui m'a prié de remettre les deux fugitifs entre vos mains.

Il s'agit ici d'un livre très-rare et très-précieux, qui est peut-être absent depuis un siècle, ainsi que le témoigne l'état fâcheux dans lequel il revient au logis « jurant, mais un peu tard, qu'on ne l'y prendra plus ». Je ne doute pas cependant que vous ne le receviez, tout fatigué et tout gâté qu'il soit, comme un cher enfant prodigue.

Renati Descartes, principiorum philosophiæ pars I et II, more geometrico demonstratæ, per Benedictum de Spinoza. *Amstelodami, apud Joh. Riewerts*, 1663, in-4°, mar. rouge, aux armes du roi. (La lettre de série et le numéro sont effacés.)

Vous remarquerez que le timbre de la Bibliothèque (*Bibliothecæ Regiæ*) a été anciennement recouvert.

Vous remarquerez, en outre, une longue note liminaire et une autre note (page 14), de la main du sieur de Valincour. Il y a des corrections et additions d'une écriture qui ressemble beaucoup à celle de J. Racine, ou de Boileau, ou de La Monnoye.

Vous nous direz peut-être si ce volume annoté est entré à la Bibliothèque du Roi, depuis l'incendie qui consuma, en 1725, à Saint-Cloud, la belle bibliothèque du sieur de Valincour; mais vous ne nous direz pas, sans doute, à quelle époque il est sorti de la collection du roi.

Agréez, etc.

PAUL LACROIX
(BIBLIOPHILE JACOB).

17 juillet 1849.

P. S. Je suis heureux de vous annoncer que j'aurai bientôt, je l'espère, de nouveaux volumes à faire rentrer sous vos lois.

V.

Monsieur l'Administrateur général,

Voici encore un volume, portant l'estampille de la Bibliothèque Royale; il m'arrive de province et je m'empresse de le remettre à la place qu'il a quittée depuis plus de trente ans.

Almanach historique et chronologique de tous les spectacles (par l'abbé de La Porte). *Paris, Duchêne*, 1752, in-24, fig. d'Eisen, maroquin rouge, aux armes du roi; timbre de la Bibliothèque Royale, Y. 5496. F.

Ce volume a sans doute peu de valeur en lui-même; mais il fait partie d'une collection très-importante, en 45 vol., celle du *Calendrier historique des théâtres de Paris*; il en est le premier tome, et il n'est pas le moins rare. J'espère pouvoir retrouver quelques autres volumes de cette collection, que la Bibliothèque ne possède pas complète aujourd'hui, et que feu M. de Soleinne avait eu tant de peine à former.

Je vous ferai observer, à ce sujet, Monsieur l'Administrateur général, que la plupart de vos collections de journaux, d'almanachs, etc., présentent des lacunes considérables, que M. Van Praet avait essayé de combler à plusieurs reprises et qui se renouvelaient sans cesse, sans parler des feuillets arrachés ou mutilés que certains lecteurs peu délicats se contentaient d'emporter, en laissant les volumes : *disjecta poetæ membra.*

La collection des *Mercure*, par exemple, si utile et si souvent consultée (il y en a un exemplaire bien complet, au cabinet de lecture de la rue de Valois), a été mise au pillage, et je doute fort qu'avec les doubles, les triples et les quadruples exemplaires du fonds qualifié naguère de *non porté*, on parvienne à remplir les vides si nombreux qui déshonorent cette intéressante collection.

Ce ne serait donc pas chose indifférente que de faire enfin le récolement de vos collections de journaux littéraires, scientifiques et politiques, car il importe de savoir à quoi s'en tenir sur des pertes désormais irréparables.

Je ne dis rien de vos journaux de la Révolution, qui se vantent tous d'être parfaitement incomplets, en s'excusant sur l'irrégularité du dépôt légal, à l'époque de leur publication. Il est vrai que la Bibliothèque du Roi n'a pas daigné seulement acquérir, pour 25,000 fr., la prodigieuse collection révolutionnaire de M. Deschiens; elle n'a pas même donné un coup d'œil d'envie à la collection analogue du colonel Maurin! Elle compte peut-être sur un don pour avoir ce qui lui manque et ce qu'elle semble avoir perdu de gaieté de cœur? Elle fera faire des clefs et des serrures, si M. le comte de Labédoyère lui lègue l'admirable musée révolutionnaire qu'il amasse, depuis trente ans, par amour de la monarchie. Mais la Bibliothèque Nationale n'autorise guère les legs et les dons de cette espèce, témoin l'étrange refus qu'elle a fait d'accepter tous les livres et tous les manuscrits rassemblés par M. Libri, qui les lui offrait à la charge de les conserver dans l'intégrité de leur ensemble. Ne conserve pas qui veut, à la Bibliothèque.

Permettez-moi donc d'attirer votre attention sur vos collections de journaux en tous genres, qui ne se rappellent pas toutes avoir été jamais complètes.

Agréez, etc.

PAUL LACROIX
(BIBLIOPHILE JACOB).

12 Août 1849.

VI.

Monsieur l'Administrateur général,

Samedi dernier, j'ai trouvé, à l'étalage d'un honnête bouquiniste, sur le quai Voltaire, un volume portant l'estampille de la *Bibliothèque Royale ;* je vous prie de lui rendre la place qu'il occupait sur vos rayons à côté des *Aventures de la comtesse de Strasbourg et de sa fille*, roman anonyme de Sandras des Courtilz.

Sophie, par M. D. B. (des Biefs). *La Haye* et *Paris*, *Hochereau*, 1756, 2 part. en 1 vol. in-12, mar. r., aux armes du roi ; timbre effacé, mais encore visible, Y 2. 514 + B.

Ce pauvre volume vous revient dans un triste état, Monsieur l'Administrateur général, et l'on pourrait parier que cette *Sophie*-là court les champs depuis quelques vingt ans. Ne vous défendez donc pas de l'avoir laissée partir.

Les romans français, vous le savez, ne séjournaient guère autrefois à la Bibliothèque : ces mauvais sujets n'avaient garde surtout d'y rentrer, lorsqu'ils étaient dehors. Je ne parle pas de vos romans de chevalerie, imprimés en gothiques, quoique plusieurs d'entre eux se soient glissés dans les ventes de doubles du dernier siècle, pour aller voir le beau monde. Plusieurs aussi ont suivi les exemples de certains chevaliers errants, témoin celui qui fut ramené au logis un jour par feu Merlin (ne pas confondre avec l'enchanteur de ce nom), savant libraire, père du très-savant rédacteur du Catalogue des livres de Silvestre de Sacy. Le bibliophile par excellence, votre prédécesseur, Van Praet, s'émut beaucoup du retour de ce roman (exemplaire de La Vallière) qu'il n'espérait plus revoir : « Je puis retrouver votre voleur, lui dit Merlin. — Je me contente d'avoir retrouvé le livre, répondit Van Praet ; quant au voleur, je n'en ai que faire. Si j'ébruitais le vol, j'apprendrais aux voleurs le chemin de la Bibliothèque. » Et le digne Van Praet remboursa, de sa poche, sans en parler à personne, la somme de 80 fr. que Merlin avait donnée au détenteur du volume : « Mon cher ami, dit-il à l'estimable libraire, en le remerciant de nouveau, si notre voleur revient, je ne lui confierai plus mes romans de chevalerie. »

Van Praet n'avait pas la même vénération pour les romans contemporains, et il les prêtait le plus libéralement du monde, sans qu'ils fussent même estampillés (*Historique*, comme disait Mme la comtesse de Genlis). C'est un fait que se rappelleront tous les anciens habitués de la Bibliothèque. J'approuve fort l'administration actuelle d'avoir interdit absolument le prêt des romans nouveaux, pour ne pas faire une concurrence trop ouverte aux cabinets de lecture.

Je regrette beaucoup, je l'avouerai, les lacunes que présente, à la Bibliothèque, la série des romans français ; ce ne sont pas seulement les modernes, ceux publiés de 1790 à 1825, qui ont disparu, par suite du prêt à domicile ; ce sont encore ceux du dix-huitième siècle, les plus galants, les plus pimpants, les plus réjouissants, qui vous ont dit adieu. Vous reconnaîtrez pourtant une attention délicate de la part de Van Praet, qui a réparé de son mieux l'absence de ces derniers, en intercalant, dans les vides, de charmants exemplaires reliés en maroquin, provenant de Meudon, de Choisy-le-Roi et des autres châteaux royaux.

Quant aux longs et volumineux romans du dix-septième siècle, ils sont presque tous immobiles et poudreux à leur place : l'ennui les a protégés contre les liseurs et les emprunteurs ; le discrédit où ils sont tombés les protégera longtemps contre les voleurs. On m'assure pourtant, en bon lieu, que la Bibliothèque a perdu ses plus beaux exemplaires (elle en avait trop) des romans de d'Urfé, de la Calprenède, de Scudery, etc. Je n'irai pas y voir, ni vous non plus, Monsieur l'Administrateur général.

Je ne parle pas des romans érotiques, qui se sont enfuis par bandes, le diable aidant, et qu'on n'ira pas chercher dans les mauvais lieux de Paris, pour les réintégrer dans l'Enfer de la Bibliothèque. Le Dante n'a pas écrit sur la porte de cet Enfer : *Lasciate ogni speranza*. Ledit Enfer était moins riche que la Bibliothèque de feu Noël, de mythologique mémoire, professeur de rhétorique et inspecteur général de l'Université. Voyez le Catalogue d'icelle, naïvement rédigé par le libraire Galliot, en 1841.

Enfin, si je donne jamais mes loisirs à une Bibliographie des romans français, que j'ai projetée, ce n'est pas à la Bibliothèque Nationale, c'est à l'Arsenal que j'irai pour trouver la suite bien complète de ces romans, parmi lesquels il en est un grand nombre qui valent bien les ouvrages, tant admirés, de Longus et d'Apollodore, ne vous déplaise.

Agréez, etc.

PAUL LACROIX
(BIBLIOPHILE JACOB).

26 août 1849.

VII.

Monsieur l'Administrateur général,

J'ai l'honneur de vous faire remettre, en attendant mieux, un volume, acheté, le 1er septembre, sur un étalage de bouquiniste, au pont Saint-Michel.

Code de la Toilette, manuel complet d'élégance et d'hygiène, 4e édit., par Horace Raisson. *Paris, J.-P. Roret*, 1829, in-18, broché; timbre de la Bibliothèque Royale, sans lettre de série, coté 5483.

Ce petit volume, en revenant prendre place sur les rayons de la Bibliothèque Nationale, y apportera quelques utiles enseignements. Il fournira un spécimen des lectures instructives que se donne gratis le public ordinaire de la Bibliothèque ; il prouvera que les voleurs de livres, à la Bibliothèque, sont de deux sortes : ceux qui choisissent et ceux qui ne choisissent pas ou qui ne savent pas choisir ; il prouvera que les numéros d'ordre ou d'inventaire, inscrits sur la couverture des volumes brochés, n'attendent, pour disparaître, que la métamorphose de la reliure ; il prouvera enfin que la plupart des vols contemporains ont porté sur des livres de littérature légère, provenant du dépôt légal.

Ce n'est pas à dire, néanmoins, que les livres du même genre, dans l'ancien fonds, aient paru plus lourds à enlever. Vous n'ignorez pas, Monsieur l'Administrateur général, que ces espèces de livres, romans, pièces de théâtre, contes, facéties, etc., ont eu des attraits invincibles pour messieurs les *picoreurs de l'endroit* (expression consacrée par le *Bulletin des Arts*). Vous vous en convaincrez mieux, si vous voulez prendre la peine de parcourir quelque série du Catalogue imprimé des Belles-Lettres et de son supplément manuscrit. Cherchez-y, par exemple, un petit livre fort rare, intitulé : *Ordonnances générales d'amour envoyées au seigneur baron de Myrlingues ?* Il est vrai que la Bibliothèque du Roi ne possédait guère que trois exemplaires, ne vous déplaise, de cet opuscule qui a eu trois éditions, en 1564, 1574 et 1618 ; mais vous serez peu étonné de n'en pas trouver *un seul* aujourd'hui (Y² 1300, 1371 *a* et *b*). Certes, vous vous affligerez médiocrement de ces pertes, en apprenant que le fameux Etienne Pasquier est l'auteur de cette bucolique, et que vous avez conservé du moins une douzaine d'exemplaires de ses Œuvres in-folio. Par malheur, les éditeurs d'Etienne Pasquier, qui n'avaient pas compté sur la suppression des *Ordonnances générales d'amour*, à la Bibliothèque du Roi, ont négligé de les admettre dans le recueil des œuvres du grave et docte auteur des *Recherches de la France*. Vous comprendrez aussi, sans le moindre effort d'imaginative, que les *Ordonnances générales d'amour*, édition de 1574, devaient inévitablement suivre la fortune des deux rarissimes facéties, auxquelles on les avait jointes sous la même reliure et sous le même numéro (Y² 1300) : *Mitistoire baragouine de Franfeluche et Gaudichon*, et *la Navigation du Compagnon à la bouteille*. Vous regretterez certainement l'irréparable absence de ce volume, qui doit être marqué en lettres d'or dans les archives de vos *amissa*.

Les voleurs de livres sont-ils donc facétieux de leur nature, qu'ils ont fait si belle rafle de vos facéties ? C'est à en pleurer, je vous jure ; car on peut dresser, de mémoire, la liste de deux ou trois cents volumes de gaie science, qui n'existent plus que sur vos catalogues. Ainsi, les Tabarin et les Bruscambille s'en sont allés presque tous et des premiers, pour faire pièce à vos lecteurs indignes. Demandez, en outre, à la collection de Falconnet ce qu'elle a fait du *Nouveau Panurge* (12152), du *Formulaire de Bredin* (12239), des *Caquets de l'accouchée* (12247), du *Miroir des plus belles courtisanes* (12285), des *Fanfares et courvées abbadesques* (11729), etc., etc. ?

Vous déclarez avec confiance, Monsieur l'Administrateur général, que la Bibliothèque Nationale n'a pas perdu *deux cents* volumes précieux ? J'offre de parier avec vous, et, qui plus est, de vous prouver qu'il manque plus de quatre cents articles rares ou rarissimes dans la seule classe des Facéties, sans parler du *Triomphe* d'une très-haute et très-puissante Dame, déjà signalé parmi les *Desiderata* de la Bibliothèque.

Agréez, etc.

PAUL LACROIX
(BIBLIOPHILE JACOB).

4 septembre 1849.

P. S. La suite à la première réintégration de livre à estampille.

VIII.

Monsieur l'Administrateur général,

J'ai l'honneur de vous envoyer un volume au timbre de la *Bibliothèque Impériale*, trouvé parmi les livres d'un vieux bouquiniste, le *père* Lefèvre, qui étalait vis-à-vis de la rue des Saints-Pères, et qui n'avait pas peu contribué à augmenter les énormes amas de papier imprimé, que le fameux bibliomane Boulard a laissés en mourant pour la plus grande joie des bouquinistes.

Histoire des douze Césars, traduite du latin de Suétone, par Maurice Levesque, tome second. *Paris, Arthus Bertrand*, **1808, in-8°, relié en veau racine, fil., armes impériales. (La lettre de série et le numéro d'ordre, placés sur la garde, ont été grattés.)**

Je comprends que vous éprouviez quelque étonnement à recevoir des volumes estampillés, par d'autres mains que celles des commissaires-priseurs ; car, à dater de la publication de votre *Lettre à M. Libri*, vous avez pris des mesures si rigoureuses, pour empêcher la vente et la circulation commerciale de ces volumes, qu'ils n'osent plus paraître, comme naguère, dans les salles d'encan : dès que le hasard les y amène, ils sont aussitôt signalés, d'une voix unanime, au veto de l'officier ministériel qui se charge de les réintégrer à la Bibliothèque Nationale et qui sans doute ne tire pas reçu de leur restitution. Voilà pourquoi tant d'enfants prodigues vous sont revenus sans tambour ni trompette, depuis cinq ou six mois. Je me féliciterais volontiers d'être pour quelque chose dans les battues actives que vous faites faire en pleine librairie au profit de la Bibliothèque, si vos traqueurs ne dépassaient souvent leurs instructions en menaçant les pauvres bouquinistes qui maintenant aimeraient mieux garder la peste qu'un volume au timbre de la *Bibliothèque du Roi*, ou *Royale*, ou *Impériale*, ou *Nationale*. C'est là, direz-vous, une terreur salutaire qui vous permet d'espérer que bientôt je ne découvrirai plus de livres estampillés à vous rendre.

Rassurez-vous, Monsieur : la province et l'étranger ne me laisseront pas manquer d'occasions de correspondre avec vous, en vous adressant de nouvelles trouvailles. J'aborderai ensuite la catégorie des volumes qui n'ont jamais porté d'estampille, ceux dont les estampilles ont été grattées ou coupées, ceux dont le titre a été arraché, tous ceux enfin qui ne conservent que des traces imperceptibles de leur provenance, et qui semblent, aux yeux des profanes, n'avoir rien de commun avec la Bibliothèque Nationale.

Je ne dois pas vous cacher que, si quantité de livres vous sont rentrés *proprio motu*, cette année (et je m'en réjouis), quantité d'autres (et j'en gémis) sont désormais perdus pour vous; car, en présence de cette espèce de proscription si brusque, si mal motivée, contre les possesseurs, vendeurs et recéleurs de livres à estampille, *acquis de bonne foi* et *possédés légitimement*, on a souvent effacé tout vestige qui pouvait faire reconnaître l'origine d'un volume que vous n'eussiez pas hésité à réclamer. Votre jurisprudence à l'égard des livres à estampille a de quoi effrayer les plus honnêtes bibliophiles.

Si Louis-Jean Gaignat, écuyer, conseiller, secrétaire du roi, vivait encore, et si sa célèbre bibliothèque n'avait pas été vendue aux enchères, en 1769, par les soins du savant Guillaume François de Bure jeune, il s'empresserait aujourd'hui de faire disparaître le timbre de la Bibliothèque du Roi, qui marquait son exemplaire, longtemps réputé unique, du traité de liturgie mozarabe : *Breve suma ÿ relacion del modo del rezo y missa del officio santo gotico mozarabe*, por Eugenio de Robles. *Toledo*, 1603, in-4 de 23 feuillets. Cet exemplaire était alors bien connu de tous les bibliographes, puisque l'auteur de la *Bibliographie instructive* ne se fit aucun scrupule de le mentionner comme existant dans le cabinet de Gaignat ; aussi, le rédacteur du Catalogue des livres de la bibliothèque du collége de Clermont (Saugrain, libraire, à la Bonne foi couronnée) a-t-il écrit naïvement cette note, sous le numéro 357 de ce catalogue où figure un exemplaire de l'ouvrage d'Eugenio de Robles : « M. Gaignat a le deuxième exemplaire de ce petit traité, *timbré des armes du roy*, ce qui prouve que le roy ne l'a pas dans sa Bibliothèque. » La pensée ne vint alors à personne, que Gaignat eût soustrait à la Bibliothèque du Roi un volume qui faisait l'ornement de la sienne. On ne savait pas encore à quelles stupides et odieuses calomnies un savant amateur de livres pouvait être exposé, de la part de ses ennemis, des méchants et des ignorants.

Continuez donc, Monsieur, à faire la chasse à vos livres volés, égarés ou perdus. Les plus communs n'auront pas de raison pour persévérer dans leur existence vagabonde ; ainsi, vous finirez par retrouver certainement quelques-uns des volumes dépareillés qui rendent incomplets vos trois exemplaires du *Tableau de Paris*, de Sébastien Mercier. Ce sont là les livres qu'on lit quotidiennement à la Bibliothèque Nationale. *Gloria in excelsis!*

Agréez, etc.

PAUL LACROIX
(BIBLIOPHILE JACOB).

12 septembre 1849.

P. S. Grâce à vous, Monsieur, on n'aura plus le scandale d'une vente publique par autorité de justice, dans laquelle tous les livres adjugés porteront l'estampille de la Bibliothèque du Roi : c'est pourtant ce qui arriva en 1834 ou 1835, s'il m'en souvient, après la déconfiture du sieur abbé Juin d'Allas.

IX.

Monsieur l'Administrateur général,

Je vous parlais hier, par hasard de souvenir, du *Tableau de Paris* : Sébastien Mercier ne soupçonnait pas, en 1782, que la Bibliothèque du Roi, devenue Nationale en 1849, ne saurait fournir un seul exemplaire complet de son ouvrage à ses nombreux lecteurs, qui peuvent, il est vrai, en acheter un, sur les quais, moyennant 5 ou 6 fr. ! Voici justement un de ses volumes dépareillés, à l'estampille de la *Bibliothèque Impériale.*

Tableau de Paris (par Mercier), nouv. édition, corrigée et augmentée. Tome premier et tome second. *Amsterdam*, 1782, in-8°, les deux tomes en un volume relié en veau. L. 2048.

╫ A. 1.

Que si les lecteurs ordinaires du *Tableau de Paris* voulaient vous faire responsable d'avoir laissé ce volume courir les champs et manquer à leur appel quotidien, vous leur répondrez, preuves en main, que ledit volume était sorti de la Bibliothèque du Roi, bien longtemps avant que vous y entrassiez. *Van Praet régnait alors !*

Comme ce Mercier était d'humeur rogue et superbe, de son vivant (il n'estimait guère, en fait d'écrivains français, que lui et son ami Restif de la Bretonne), il pourrait bien vous demander compte, à la Bibliothèque Nationale, des ouvrages qu'il lui avait donnés en dépôt pour les transmettre à l'admiration de la postérité : je vous conseille de ne pas lui déclarer que ce dépôt a été très-fidèlement gardé ; car il vous dirait aussitôt, comme Dieu à Caïn : « Qu'as-tu fait de *L'An* 2440, édition en trois volumes in-12 ? » Il sera tout fier, néanmoins, d'apprendre que ses œuvres, tant prêtées, tant lues, tant maniées à la Bibliothèque Nationale, ont disparu en partie dans cet établissement, sans qu'il puisse s'en prendre à sa terrible prophétie *de la Conflagration de toutes les bibliothèques de l'univers.* Racontez-lui, pour le mettre en liesse, que la Bibliothèque avait déjà usé ou perdu deux exemplaires de *L'An* 2440, lorsque Van Praet s'empara de celui que la Bibliothèque du Tribunat léguait à une nouvelle génération de lecteurs, liseurs ou lisailleurs : cet exemplaire, que le timbre impérial ne protégea pas mieux que l'estampille royale n'avait protégé ses prédécesseurs, s'en est allé aussi comme les autres, en vous léguant son épitaphe, *id est* sa lettre de série et son numéro d'ordre : Z. 2284.

Que l'on dise encore que Sébastien Mercier n'a pas d'enthousiastes admirateurs, à la Bibliothèque Nationale !

S'il revient des limbes pour vous faire visite, prévenez ses questions, en lui annonçant que, des innombrables romans de son cynique Pylade Restif de la Bretonne, il vous reste bien une centaine de volumes plus ou moins isolés. *Les Contemporaines, les Nuits de Paris, le Drame de la vie,* etc., ne sont pourtant pas des livres qu'on aille lire chez vous, quoiqu'ils n'aient point mérité d'être mis dans votre *Enfer.* Le citoyen Mercier vous rappellera peut-être qu'on a trouvé un grand nombre de ces romans-là, fort honorablement reliés en maroquin, aux armes du roi, de la reine et des princesses, dans les collections de livres, transportées en 1792, des Tuileries et des châteaux royaux, à la Bibliothèque Nationale.

Agréez, etc.

PAUL LACROIX
(BIBLIOPHILE JACOB).

13 septembre 1849.

X.

Monsieur l'Administrateur général,

J'ai honte de vous déranger pour si peu de chose : ce n'est qu'un pauvre volume des *Mémoires secrets* de Bachaumont, que je viens vous prier de replacer sur un rayon, où les rangs sont encore bien éclaircis, hélas !

Mémoires secrets pour servir à l'histoire de la République des lettres en France, depuis 1762 jusqu'en 1787 (par de Bachaumont, Pidanzat de Mairobert, Mouffle d'Angerville, etc.). Tome trente-troisième. *Londres, John Adamson*, 1788, in-12; timbre de la Bibliothèque Nationale, L. 1899. +C. 33.

La collection, dite de Bachaumont, quoiqu'il n'ait eu part qu'aux premiers volumes des trente-six qui la composent, a été souvent réimprimée, soit en France, soit à l'étranger ; mais les exemplaires de ces éditions, en gros ou petits caractères, étaient déposés alors à la Bastille plutôt qu'à la Bibliothèque du Roi. Le judicieux éditeur de la nouvelle édition, annotée et malheureusement inachevée, de ces curieux Mémoires, M. Ravenel, vous dira sans doute qu'on les trouve partout, excepté peut-être à la Bibliothèque. Il n'est pas de livre qui ait été, d'ailleurs, plus feuilleté, plus épluché, plus pressuré, plus dépouillé, depuis vingt-cinq ans : on en aurait usé dix exemplaires, si la Bibliothèque Royale ou Nationale les avait eus. Ce serait donc un moyen infaillible d'augmenter encore le nombre de vos habitués (j'allais dire *abonnés*), que de placer cet écriteau à la porte : ICI ON LIT, SANS RÉTRIBUTION, LES MÉMOIRES DE BACHAUMONT. *Essuyez vos pieds.*

Mais à l'heure où je vous écris, il n'y a pas, chez vous, de ces Mémoires, vingt volumes disponibles, appartenant à plusieurs éditions et à différents exemplaires : ce n'est pas la peine d'en parler. Je trouverais plus grave que vous ne pussiez présenter un seul exemplaire *complet* du grand recueil des Historiens des Gaules, dont vous êtes pourtant aujourd'hui un des savants éditeurs; je parierais même... A coup sûr, je perdrais le pari, puisque l'honnête bouquiniste Tabary, qui ne sait pas même le latin, a fait reproduire en fac-simile, par le procédé lithographique, le treizième volume in-folio, qui manquait à la plupart des exemplaires, et surtout à celui de la Bibliothèque du Roi. *O utinam!*

Agréez, etc.

PAUL LACROIX
(BIBLIOPHILE JACOB).

14 septembre 1849.

P. S. Je rouvre ma lettre, en m'apercevant que j'ai laissé à la campagne le volume des *Mémoires* de Bachaumont, que je voulais vous adresser avec cette lettre, écrite en présence de l'humble déserteur. Je ne puis donc vous faire remettre ledit volume : ce retard ne sera pas perdu et j'espère bien, au lieu d'un volume, vous en rapporter deux, peut-être davantage. Mais *uno avulso non deficit alter;* le volume que je vous envoie et dont l'éloignement décomplétait un ouvrage usuel composé de neuf tomes, ce volume, dis-je, vous prouvera ce que j'ai avancé, au sujet des livres sans estampille et même sans numérotage, que la Bibliothèque du Roi livrait à ses emprunteurs. Vous avouerez, Monsieur l'Administrateur général, qu'il faut des yeux de bibliophile pour reconnaître la propriété de la Bibliothèque dans le volume suivant :

Annales dramatiques ou Dictionnaire général des Théâtres, par une société de gens de lettres, tome cinquième. *Paris, Babault,* 1810, in-8, relié en veau racine, fil., aux armes du roi.

N'oubliez pas de remarquer que ce volume ne porte ni estampille, ni lettre, ni numéro, ni signe quelconque, qui accuse son origine, hormis les armes du roi; mais, en revanche, les autres volumes de la collection, que vous pouvez avoir encore à la Bibliothèque, sont dûment lettrés, numérotés, estampillés. *Et nunc, reges, intelligite!*

XI.

Monsieur l'Administrateur général,

Ce n'est rien qu'un volume isolé des *Essais historiques sur Paris;* il vous servira peut-être à compléter un des exemplaires défectueux de ce livre, qui fait les délices des lecteurs perpétuels de la Bibliothèque Nationale, et qui n'a peut-être jamais vu tous ses volumes en place sur les rayons. Vous en avez bien pourtant quelques tomes dépareillés, je le crois du moins, comme pour témoigner des nombreuses éditions, que le spirituel ouvrage de Saint-Foix a obtenues dans le dernier siècle.

Essais historiques sur Paris, de Monsieur de Saint-Foix. Tome septième et dernier. *Paris*, V° Duchesne, 1777, in-12, relié en maroquin rouge, aux armes du roi; timbre de la Bibliothèque Royale, L. 2048.

A.7.S.

Il n'est pas étonnant que les livres sur Paris aient été beau coup lus, beaucoup prêtés, et par conséquent, souvent perdus, depuis cinquante ans : on s'est occupé de l'histoire de cette ville avec une sorte de passion, et plusieurs ouvrages, destinés à remplacer ceux de Sauval, de Brice et de Piganiol de la Force, aujourd'hui trop arriérés, sont loin d'avoir épuisé la matière, ni même défloré le sujet. Il faut remarquer, toutefois, que les nouveaux historiens de Paris incombent toujours à la Bibliothèque Nationale, sans avoir une bibliothèque particulière qui défraye leurs travaux; tant pis pour eux, car, chez vous, ils doivent se passer souvent des livres les plus nécessaires et les plus communs.

Je me rappelle que, vers 1832, je demandai à M. Van Praet un portefeuille, provenant de je ne sais quelle collection, dans lequel on avait rassemblé les pièces les plus rares et les plus curieuses sur l'ancien Paris : c'étaient les *Cris de Paris, au nombre de cent sept* (Par., Nic. Buffet, 1549, in-8° de 16 ff. goth.), les *Rues et églises de Paris, avec la dépense qui se fait chaque jour* (s. l. ni d., in-4° de 10 ff. goth.); c'étaient d'autres opuscules en vers et en prose, la plupart imprimés en gothique, relatifs aux événements dont Paris avait été le théâtre au seizième siècle. La note, en vertu de laquelle j'avais fait ma demande, pouvait passer pour très-exacte : on apporta donc le portefeuille; il était vide ou à peu près! Je m'en plaignis à M. Van Praet, qui prit de mes mains ce portefeuille, l'ouvrit et l'examina en faisant clapoter ses lèvres, secoua sa tête blanche avec impatience, haussa les épaules, et dit en soupirant : « Que voulez-vous ? on prend *tout* ici! »

Je respectai ses souffrances de bibliothécaire (alors, l'inondation des lecteurs commençait à la Bibliothèque), et je me conformai *à sa triste pensée.* Mais, dans une autre circonstance, je ne pus me défendre d'un mouvement de surprise et de dépit, lorsque, sur ma demande, M. Van Praet me remit lui-même un carton, à moitié vide, dans lequel auraient dû se trouver les opuscules de son fougueux antagoniste en bibliographie, le fameux abbé Rive : « Nous n'avons que cela, me dit-il avec humeur, et c'est déjà trop. »

Ah! si l'abbé Rive était encore de ce monde bibliographique, il s'humaniserait peut-être, et au lieu de faire la *Chasse aux bibliographes*, il ferait, comme moi, sans bruit et sans colère, la chasse aux livres volés ou perdus de la Bibliothèque Nationale.

Agréez, etc.

PAUL LACROIX
(BIBLIOPHILE JACOB).

15 septembre 1849.

XII.

Monsieur l'Administrateur général,

Plaise à Dieu que le volume, tant soit peu moisi, que j'ai l'honneur de vous adresser, pour être réintégré à la Bibliothèque Nationale, complète au moins un exemplaire du recueil auquel il appartient!

Des États généraux et autres assemblées nationales, tome troisième. *Paris, Buisson*, 1788, in-8°, rel. en mar. rouge, aux armes du roi; timbre de la Bibliothèque Royale, L. 1932 Pe.

D. 6.

Le recueil de Mayer, fait à l'impromptu, sans plan, sans ordre et sans critique, sous l'inspiration de Monsieur, frère du roi Louis XVI, est d'autant plus important pour l'histoire des Etats généraux, que les monuments originaux de cette histoire ne sont pas encore publiés, malgré mes instances auprès du Comité historique du ministère de l'instruction publique, dans le sein duquel nous avons l'occasion de nous rencontrer quelquefois. Cependant ce recueil, dont il a existé plusieurs exemplaires dans votre Bibliothèque, serait fort en peine d'y mettre en ligne ses dix-huit volumes bigarrés de différentes reliures. La faute en est aux études qu'on a faites, depuis la Charte de 1814, des institutions de l'ancienne monarchie et des droits du tiers État : c'est vous-même, Monsieur l'Administrateur général, qui avez donné le premier élan à ces études, par votre ouvrage de circonstance, intitulé : *Conjuration d'Etienne Marcel contre l'autorité royale, ou Histoire des Etats généraux de la France, en* 1355-58. (Paris, Egron, 1815, in-8°, à l'emblème des fleurs de lys.) Si cet ouvrage était à faire maintenant, vous le jetteriez dans un autre moule, j'imagine, et vous n'auriez pour cela qu'à relire, avec la *foi* et la *conscience* dont vous parlez dans votre *Lettre à M. Libri*, le volume de Mayer, que je m'empresse de vous faire parvenir. N'oubliez pas, néanmoins, que Mayer était le scribe ordinaire de Monsieur, depuis Louis XVIII, à qui vous avez dédié, je crois, votre *Conjuration d'Etienne Marcel.*

J'ai appris avec plaisir que la Bibliothèque Nationale avait découvert enfin un exemplaire complet d'une autre collection sur les Etats généraux, recueillie par ordre du comte d'Artois, imprimée à ses frais et non publiée, à cause de son émigration : *Recueil de pièces originales et authentiques concernant la tenue des Etats-Généraux d'Orléans, de Blois et de Paris, depuis* 1560 *jusqu'en* 1614. (Paris, Barrois, 1789, 9 vol. in-8°.) Cette collection, à peine citée par les bibliographes et bien préférable à celle de Mayer ou du comte de Provence, est si rare, qu'on n'en connaît que trois ou quatre exemplaires, entre autres celui de la Bibliothèque de l'Arsenal.

Agréez, etc.

PAUL LACROIX
(BIBLIOPHILE JACOB).

16 septembre 1849.

XIII.

Monsieur l'Administrateur général,

Le volume que je vous adresse aujourd'hui ne complétera pas, malheureusement, l'exemplaire auquel il appartient.

Histoire universelle des Théâtres de toutes les nations, depuis Thespis jusqu'à nos jours, par une société de gens de lettres (l'abbé Coupé, Testu, Desfontaines et Lefuel de Mericourt), tome X, 1re et 2e parties. *Paris, ve Duchesne*, 1780, in-8° (les figures ont été arrachées), rel. en mar. rouge, aux armes du roi; timbre de la Bibliothèque Royale, Y. 135.

H. 10.

Le traducteur des comédies de Plaute ne peut voir avec indifférence les ouvrages qui traitent du théâtre ancien et moderne; celui-ci, qui est resté malheureusement inachevé malgré la protection du comte d'Artois, à qui l'éditeur l'avait dédié, comptait à la Bibliothèque du Roi plus de cinq beaux exemplaires provenant des bibliothèques particulières de Louis XVI, de Marie-Antoinette, de madame Elisabeth, etc. Vous pouvez vérifier ce qu'il vous en reste. Je reconnaîtrai cependant volontiers que le treizième tome devait manquer dans la plupart de ces exemplaires, soit qu'il ait paru longtemps après les autres, soit qu'il n'ait pas été distribué à tous les souscripteurs. Demandez, sur ce point, l'avis d'un *de vos humbles collaborateurs*.

Comme je vous l'ai déjà insinué, la Bibliothèque Nationale a fait des pertes énormes, sinon irréparables, dans la classe du Théâtre ; car si les livres qui composent cette classe sont les plus communs et les moins coûteux, ces livres-là ont toujours trouvé des partisans parmi la foule légère de vos lecteurs inconnus. Je n'accuse pas les *humbles collaborateurs*, dont vous prenez si paternellement la défense, quand personne ne les attaque ; mais je me souviens qu'à une époque peu éloignée (vers 1829), les jeunes employés (ils avaient alors des loisirs que votre austère administration ne leur permettrait plus, si le public les leur eût laissés) erraient dans les salles désertes, un vaudeville à la main. Ces pièces de théâtre se dispersaient ensuite comme les feuilles de chêne où la sibylle inscrivait ses oracles : voilà pourquoi les cartons, où elles devraient être rangées par ordre alphabétique, n'ont pas même gardé l'espérance de les voir revenir. Ainsi, par exemple, cherchez-y *Robert-Macaire* (vous serez bien étonné, en apprenant qu'il est devenu rare) et rassurez-nous sur son sort. Quant au *Jeu du prince des Sots et Mère Sotte, joué aux Halles de Paris, l'an mille cinq cens et unze* (un des trois ou quatre exemplaires connus de l'édition originale), je suis bien certain que le savant historien des *Origines du théâtre* le tient enfermé sous trois clefs dans la Réserve, et il n'a pas tort, car maître Pierre Gringoire ne repasserait plus le détroit, comme Jean Lemaire des Belges et sa *très-haute et très-puissante Dame*, s'il passait jamais en Angleterre.

Agréez, etc.

PAUL LACROIX
(BIBLIOPHILE JACOB).

17 septembre 1849.

XIV.

Monsieur l'Administrateur général,

Voici encore un de ces volumes dépareillés qui n'ont pas d'autre mérite que de venir compléter un des exemplaires de la Bibliothèque Nationale, où les ouvrages incomplets représentaient seulement 23,316 volumes, en l'an de grâce 1834.

L'Esprit de la Ligue, par Anquetil, tome second. *Paris, Herissant*, 1767, in-12, rel. en maroq. rouge, aux armes du roi; timbre de la Bibliothèque Royale, L. 1576 *porté*.

F. 2.

Ce volume, encore humide et taché de moisissure (il était enfermé depuis vingt ans dans une armoire) ne provient pas, il faut l'avouer, de ce terrible *non porté* que vous avez fait, le premier, non pas cataloguer, non pas inventorier, mais ranger dans les séries, par ordre de matières, et sous l'empire des lettres de division catégorique; c'est tout simplement un volume très-commun du fonds *porté*, où puisaient naguère les emprunteurs qui, sans penser à mal, ont laissé trop de traces de leur passage. Ce volume, du reste, n'est pas de ceux dont l'absence puisse être souvent regrettée, car on ne lit plus guère les ouvrages d'Anquetil, du moins à la Bibliothèque Nationale où messieurs de la lecture sont plus friands de fruit nouveau. Aussi, je ne vous cherche pas querelle au sujet de certains volumes d'Anquetil, portant l'estampille de votre Bibliothèque, volumes que j'ai rencontrés de par le monde. Je n'oublie pas non plus que le roi Louis XVI, Marie-Antoinette, Mme Elisabeth, le comte de Provence, et plusieurs grands personnages, dont les bibliothèques furent transférées au dépôt de la rue de Richelieu, en 92 et 93, avaient chacun leur Anquetil tout entier, relié en maroquin, aux armes; c'était l'histoire à la mode en ce temps-là. Anquetil a du bon parfois, et je vous recommande surtout l'*Intrigue du Cabinet*, dont j'ai vu quelque part, s'il m'en souvient, un très-joli exemplaire aux armes du roi et au timbre de la Bibliothèque Royale.

Au reste, il y a des emprunteurs *libres* à la Bibliothèque, et je ne désespère pas du retour volontaire d'un grand nombre de livres absents. Rappelez-vous ce lecteur qu'on avait arrêté à la porte, nanti d'un volume qu'il emportait sous son manteau, et qui, après un interrogatoire extra-légal, conduit chez le commissaire de police, déclara, en pleurant, qu'il ne prenait des livres que pour les lire chez lui, à son aise, le soir, entre chien et loup; il vous prouva qu'il restituait fidèlement, au bout de quelques mois, les volumes qu'il avait pris ainsi pour son instruction. C'était un garçon coiffeur du quartier de la Bibliothèque. Vous étiez tenté de l'envoyer aux galères, pour le punir d'avoir abusé de votre Salle de lecture, mais le commissaire de police se contenta de le faire coucher en prison. Ce coiffeur graissait et empommadait vos livres, mais du moins il ne laissait pas dedans, en guise de sinet, un os de côtelette de porc, comme celui que j'ai trouvé, un jour (vous pouvez vous en convaincre vous-même : *scripta manent*), dans le second volume de votre exemplaire du *Catalogue des Rolles gascons* (Londres, 1743, in-fol.). L'auteur de cette distraction n'était pas un coiffeur, mais un charcutier.

Agréez, etc.

PAUL LACROIX
(BIBLIOPHILE JACOB).

18 septembre 1849.

XV.

Monsieur l'Administrateur général,

J'ai l'honneur de vous faire remettre un volume, dont l'absence n'a pas été certainement remarquée à la Bibliothèque, depuis trente ans, et dont le besoin ne se faisait guère sentir dans votre Salle de lecture.

L'Onanisme, dissertation sur les maladies produites par la masturbation, par M. Tissot. *Lausanne, Marc Chapuis*, 1764, in-12, rel. en veau; timbre de la Bibliothèque Impériale; D. de T. 2653.

K. 6. A.

C'est là un de ces livres qu'on ne demande jamais et que l'on ne prêterait pas à la Bibliothèque Nationale, où il devrait s'en trouver au moins une trentaine d'éditions; celle-ci est la seconde publiée sous les yeux de l'auteur, qui en offrit à Voltaire un exemplaire que le malin vieillard adressa plaisamment à Fréron, avec cette dédicace : *Tibi et amicis*. Le volume, que je suis heureux de vous renvoyer, si fatigué qu'il soit, a sa place marquée dans la *Médecine*, dont le catalogue est, dit-on, achevé et prêt à être livré à l'impression. Vous nous avez appris vous-même cette bonne nouvelle dans un de vos rapports au ministre de l'instruction publique, qui était alors un littérateur, un académicien, que j'aime, que j'estime, que j'honore, sans avoir, comme tant d'autres, charge de reconnaissance. M. le comte de Salvandy pourra vous dire, en passant, ce qu'il pense de mon caractère ; il vous dira aussi qu'il m'a souvent accusé d'obstination et d'aveuglement à votre égard : lequel de nous deux était le plus aveugle ?

J'en reviens à votre prochain catalogue de la *Médecine*. Je suis étonné, je l'avoue, du choix de la matière qu'on a mise à jour avant toutes les autres ; il faut qu'on ait voulu profiter de l'immobilité poudreuse des livres qui traitent des sciences médicales, livres inconnus, oubliés, abandonnés, depuis qu'ils sont déposés dans le sépulcre de la Bibliothèque Nationale. Le choix de la *Médecine*, pour inaugurer le Catalogue général de la Bibliothèque, ressemble au choix malheureux qu'un poëte avait fait de *Childebrand* pour héros d'une épopée française. Enfin, peu importe ; commencez par la Médecine, pourvu que vous commenciez ; ne laissez pas de côté cette seconde édition de *l'Onanisme*, qui, je le crains, ne sera pas accompagnée de beaucoup d'autres dans la nomenclature de votre Catalogue, si ce n'est au chapitre des *desiderata* et des *amissa*. Les livres de cette espèce sont à peu près les seuls qui aient disparu dans l'innombrable famille des ouvrages de médecine, que vous possédez intacte, et que vous ferez bien de classer sous quatre ou cinq cents titres et paragraphes (comme dans le catalogue imprimé de la Bibliothèque de Liége), ne serait-ce que pour donner un échantillon de votre catalogographie, qui nous coûte déjà plus de deux cent mille francs.

Agréez, etc.

PAUL LACROIX
(BIBLIOPHILE JACOB).

19 septembre 1849.

P. S. J'apprends à l'instant qu'un personnage, qui ne s'est pas fait connaître, a menacé de vos foudres vengeresses un pauvre bouquiniste du pont Saint-Michel, sur l'étalage duquel il avait trouvé et confisqué un volume de la Bibliothèque, exposé *depuis six semaines* aux intempéries de cette saison pluvieuse. Le brave homme a craint qu'on ne lui retirât sa médaille. Ah ! Monsieur l'Administrateur général, épargnez ces honnêtes étalagistes qui n'en peuvent mais et qui vous regardent déjà comme un véritable croquemitaine ; ne renouvelez pas contre eux la cruelle conspiration qui avait presque consommé leur perte en 1842 : ils eussent alors été supprimés, thermidorisés par ordonnance de police, sans la bienveillante intervention de MM. de Monmerqué, Quatremère, Leber, Taylor, etc. qui savent ce que c'est qu'un livre, et qui ne croient pas que la bonne ville de Paris puisse se passer de bouquinistes. Il faut donc, comme vous l'apprend votre Virgile de collége : *Parcere subjectis ac debellare superbos.*

XVI.

Monsieur l'Administrateur général,

Voici un volume qui, avec votre permission, va peut-être compléter une édition de Fontenelle, en six volumes, que notre infatigable bibliographe Quérard, qui n'est pourtant pas bibliothécaire (*Proh pudor !*), a omise dans sa *France littéraire*.

OEuvres de M. de Fontenelle, nouvelle édition augmentée, tome second. *Paris, Bern. Brunet*, 1742, in-12, relié en maroquin rouge, aux armes du roi ; timbre de la Bibliothèque Nationale, Z. 2274.

+10. B.

Ce volume, qui a fait partie de la Bibliothèque de Choisy-le-Roi et qui porte néanmoins le numéro de l'exemplaire décrit dans le Catalogue imprimé de l'abbé Sallier, n'a reçu son estampille qu'en pleine République (la première, s'entend). Il aura été emprunté par un citoyen qui voulait se transporter en esprit dans les *Mondes* de Fontenelle, pour oublier celui-ci, où il y a tant à réformer, de même que dans nos bibliothèques publiques.

Il serait très-possible que votre brebis égarée trouvât sa place prise, en rentrant au bercail après quarante ou cinquante ans d'absence ; car M. Van Praet avait une telle aversion pour les vides sur les rayons de la Bibliothèque, qu'il ne cessait de les remplir de son mieux, comme je vous l'ai déjà conté, sans se soucier de la reliure des volumes : il mêlait ainsi le veau et la basane au maroquin. C'était dans les prodigieux amas de livres provenant des couvents supprimés et des châteaux confisqués, qu'il allait sans cesse cherchant fortune; il épluchait aussi ce fameux fonds *non porté*, que vous avez osé incorporer dans la Bibliothèque, et qui, avant un siècle peut-être, se trouvera enfin distribué dans le catalogue, comme il l'est déjà sur les rayons. M. Van Praet, satisfait de sa *Réserve* et de ses cachettes, où il entassait les incunables, les exemplaires sur vélin, les gothiques français, etc., n'était pas si ambitieux : il ne se servait, vous dis-je, du *non porté* que pour y chercher de quoi combler les lacunes du *porté*. (Pardonnez-moi cet abominable langage qui est reçu à la Bibliothèque, sinon à l'Académie.) M. Van Praet a donc remplacé de la sorte un tiers des volumes absents; mais il n'a pu souvent mettre qu'un mauvais exemplaire sali, fatigué ou défectueux, là où brillait, du temps de l'abbé Sallier, un superbe exemplaire relié en maroquin, aux armes du roi, doré sur tranche et encore vierge comme au sortir des mains de Padeloup ou Derôme. Vous aurez un exemple de ce que j'avance, en examinant quatre numéros qui se suivent dans le Catalogue imprimé des Belles-Lettres, série de la Poésie latine, quoique cette série ait été moins dilapidée que les autres : n°s 2386, 2387, 2388, 2389; ce sont quatre éditions des poésies de Salmon Macrin, un des secrétaires du cardinal Jean du Bellay. Vous reconnaîtrez avec moi que, sur ces quatre volumes, deux au moins ont été changés depuis l'impression du Catalogue où le rédacteur a eu le tort de ne pas décrire la reliure et la condition des exemplaires. Ainsi, le n° 2386 : SALM. MACRINI *Juliodunensis carminum libri IV* (Parisiis, Sim. Colinæus, 1530, in-8°) a été remplacé par un affreux exemplaire, provenant de la bibliothèque d'Estrées, puis de celle du Tribunat; ainsi, le n° 2388 : SALM. MACRINI *hymnorum libri sex* (Parisiis, Rob. Stephanus, 1537, in-8°), ne contient plus le rare et précieux recueil des poëmes latins du cardinal du Bellay (SALM. MACRINI *odarum libri tres ;* accessere Jo. Bellaii cardinalis poemata aliquot. Parisiis, Rob. Stephanus, 1546, in-8°), qui se trouvait dans l'exemplaire que cite le Catalogue de l'abbé Sallier. Il est possible, néanmoins, que cet exemplaire ait été *sauvé* par M. Van Praet, et porté en tapinois dans quelqu'une de ses cachettes.

Ces volumes de poésies latines ne m'intéresseraient pas tant, moi profane, si je n'y avais découvert plusieurs pièces de vers adressées à Rabelais et non encore recueillies par les éditeurs de maître François. Nous parlerons un autre jour, s'il vous plaît, de Rabelais, de ses éditions et de celles que regrette la Bibliothèque Nationale, qui est cependant plus riche en ce genre qu'aucune autre bibliothèque, grâce aux bons soins d'un savant qui aime les livres et qui les connaît, votre honorable collègue, M. Lenormand ; comme lui, j'aime les livres, et surtout ceux de Rabelais. Si j'avais la faiblesse de dérober jamais un volume dans votre Bibliothèque, Monsieur l'Administrateur général, ce serait l'exemplaire unique d'une édition primitive et inconnue du second livre de Rabelais, que vous a cédé dernièrement mon ami Gustave Brunet (deuxième du nom), de Bordeaux, pour l'amour de *Pantagruel.*

Agréez, etc.

PAUL LACROIX
(BIBLIOPHILE JACOB).

20 septembre 1849.

P. S. C'est avec le plus grand plaisir, Monsieur l'Administrateur général, que, par achat ou par voie d'échange, je me propose de réintégrer, A MES FRAIS, tous les livres que je pourrai découvrir, appartenant ou plutôt ayant appartenu à la Bibliothèque Nationale. Cette fantaisie, cette bonne action de bibliophile pourra bien m'entraîner dans une dépense assez forte ; mais peut-être alors l'administration de cette Bibliothèque voudra-t-elle reconnaître le service que je vais lui rendre, en m'envoyant, par exemple, un exemplaire du second volume du Catalogue imprimé de votre Jurisprudence, volume inachevé qui n'a jamais été mis au jour et dont vous possédez une vingtaine d'exemplaires inédits dans vos greniers.

La suite à l'ordinaire prochain.

Imprimerie de HENNUYER et Ce, rue Lemercier, 24. Batignolles.

XVII.

Monsieur l'Administrateur général,

Voici un volume, qui n'avait été admis, ce me semble, à la Bibliothèque, que pour y remplacer un bel exemplaire relié en maroquin rouge, aux armes du roi et aux LL. couronnées.

Histoire du Calendrier romain, qui contient son origine et les divers changemens qui lui sont arrivez, par M. Blondel, professeur royal en mathématique et en architecture. *La Haye, Arnout Leers*, 1684, pet. in-8°, relié en vélin blanc; timbre de la Bibliothèque Royale, V+2369.

Ce volume, qui fut tiré évidemment du dépôt général des livres provenant des couvents supprimés, porte cette autre indication d'origine : *Recol. Paris.* 1770. *ex dono S.* 119 B. C'est à la sollicitude de Van Praet, que la Bibliothèque devait de posséder cet exemplaire qui n'était pas trop propre à lui faire oublier celui qu'elle avait perdu. On conçoit que Blondel, maître de mathématiques du Dauphin, ne pouvait se dispenser de figurer, dans la collection du roi, relié en maroquin, doré sur tranches, et armorié à trois fleurs de lis. Qu'était-il devenu depuis ? C'est ce que vous ne sauriez nous dire, puisque vous n'êtes pas sorcier. La Bibliothèque avait mieux gardé sans doute la première édition, in-4°, de cet ouvrage, publiée en 1682, car elle ne la réclama point parmi les livres qu'elle avait le droit de choisir dans le catalogue de Falconnet. On n'accusera pas du moins Fabre d'Églantine d'avoir emprunté révolutionnairement la seconde édition qui vous manquait, pour y puiser les éléments de son Calendrier républicain. A propos de Fabre d'Églantine, Monsieur l'Administrateur général, je vous demanderai quel était le sort des livres de la Bibliothèque Nationale, prêtés à des conventionnels qu'on décrétait d'accusation, qu'on jugeait et qu'on exécutait dans l'espace de vingt-quatre heures ? Les gens qu'on guillotinait le soir avaient-ils le temps et l'humeur de vous renvoyer le matin les livres qu'ils vous avaient empruntés, reliés aux armes du *tyran?* Les conservateurs de la Bibliothèque Nationale s'occupaient-ils alors, comme vous le faites avec un zèle digne d'un meilleur résultat, de se mettre en quête et de courir après l'ombre de quelques livres perdus, en laissant tant de bons livres se perdre tous les jours entre les mains sales et ignorantes d'un public illettré?

Vous êtes tout fier, Monsieur l'Administrateur, quand on vous demande un livre, de pouvoir dire : « Le voici, avec la lettre et le numéro du catalogue. » Ainsi avez-vous fait un peu bien légèrement, pour répondre à M. Libri qui vous envoyait de Londres un bel exemplaire du *Thrésor de la langue françoise*, par Nicot (et non pas Nicod, comme vous le dites), relié en maroquin rouge, aux armes du roi. Cet exemplaire, sans estampille et sans numéro, est pourtant, n'en doutez pas, le bel exemplaire, le véritable exemplaire de la collection du roi, que la Bibliothèque avait peut-être égaré depuis un siècle. Vous avez beau nous représenter un autre exemplaire, avec reliure de cent cinquante ans et estampille ancienne, inscrit au Catalogue imprimé des Belles-Lettres, sous le n° 1337, X., cela ne prouve rien, si ce n'est que cet exemplaire-là, relié en veau brun, était à sa place en 1750, au moment où l'abbé Sallier faisait paraître le volume du Catalogue où il se trouve; mais cela ne prouve pas que l'exemplaire du roi (je désigne de la sorte celui qui portait comme une livrée royale la reliure bien connue en maroquin rouge aux armes de France) n'ait pas existé à une époque antérieure, avant la conspiration de Cellamare, si vous voulez, et ne puisse rentrer à la Bibliothèque, où sa place a été prise par un intrus, après votre *Conspiration d'Etienne Marcel.*

Sachez-le bien, Monsieur l'Administrateur général, il est certains livres qui doivent être nécessairement, à la Bibliothèque du Roi, revêtus de la reliure uniforme en maroquin rouge armorié; l'époque de leur publication, la matière dont ils traitent, le nom de leurs auteurs, les circonstances particulières de leur composition, de leur dédicace et de leur privilége, sont autant de preuves à peu près certaines de l'existence d'un exemplaire aux armes du roi; cet exemplaire a pu disparaître; le vide qu'il avait laissé a pu être rempli au catalogue et sur les rayons par un exemplaire commun, relié en veau et même en basane sans armoiries; mais on sent mieux alors et l'on regrette davantage son absence; car il en est des livres comme des bibliothécaires et des académiciens : ce n'est pas les remplacer que de leur succéder. Je vous déclare donc encore une fois que M. Libri vous a représenté le seul exemplaire du *Thrésor* de Nicot que la Bibliothèque du Roi puisse avouer comme sien. Il n'est pas estampillé, c'est vrai; il n'offre aucun signe de repère, lettre ou numéro, j'en conviens; mais il était sorti sans doute de la Bibliothèque, lorsque le timbrage et le numérotage n'y étaient pas encore introduits pour les besoins du catalogue. Rappelez-vous que les maisons de Paris ne furent numérotées qu'au milieu du dix-huitième siècle? Oseriez-vous soutenir que les livres de la Bibliothèque l'ont été longtemps auparavant? A coup sûr, ils ne l'ont pas été tous, puisque vous rencontrez çà et là des volumes qui ne le sont point encore. Il n'y a pas six mois que j'ai emprunté à la Bibliothèque (comme vous autres, messieurs, disait Bridoie) un recueil de pièces sur les orfévres, et je l'ai fait timbrer pièce à pièce sous mes yeux, pour qu'on ne m'accusât pas de l'avoir emporté, ainsi que Pathelin emporta son drap.

Croyez-moi; pas de fausse honte; cessez de nier la paternité de votre *Thrésor* de Nicot, qui n'est pas de ces pauvres diables qu'on reliait en veau à la Bibliothèque du Roi. Je conviendrai volontiers, avec vous, que la reliure *d'ordonnance* de la Bibliothèque était souvent semblable aux reliures qu'on faisait pour les livres des résidences royales et même pour les exemplaires de présents. Mais les fers, dits de la collection du roi, les deux LL entrelacées et couronnées, ainsi que l'écusson à trois fleurs de lis avec la couronne de France, furent toujours employés pour les livres de la Bibliothèque Royale, après avoir été fabriqués exprès pour elle sous le ministère de Colbert. Ces fers étaient si bien appropriés et réservés aux reliures de la Bibliothèque, qu'ils furent repris et remis en usage, à partir de 1815, quand la Restauration commença son œuvre par ramener chaque chose à l'ancien état. Voyez, Monsieur l'Administrateur général, si votre *Conjuration d'Etienne Marcel*, publiée en 1815, n'a pas été reliée avec les mêmes fers, les mêmes doubles L et les mêmes armes du roi, que la *Conjuration de Fiesque*, par le cardinal de Retz, ou la *Conjuration des Espagnols contre Venise*, par Saint-Réal ?

On comprend, du reste, que vous n'ayez pas daigné vous amuser aux bagatelles de la reliure, quoiqu'un savant numismate, un archéologue de premier ordre, votre collègue à l'Institut, M. Charles Lenormand, soit le créateur de votre Musée historique de reliures à la Bibliothèque; quoique ce conservateur du Cabinet des Antiques ait eu la faiblesse de montrer du goût, du savoir, et même de l'expérience dans cette futile question de la reliure, dont Charles Nodier s'est plus préoccupé que de la quadrature du cercle et de la direction des ballons.

Je vous raconterai, un autre jour, comment la Bibliothèque Nationale voit aujourd'hui tant de hideux exemplaires tenir la place de ses plus beaux volumes en maroquin rouge. Ne vous hâtez pas, cependant, de soupçonner la République Française (première du nom) et de jeter la dernière pierre à la Convention, qui avait imaginé de faire enlever à l'emporte-pièce toutes les armes du roi sur les couvertures des livres de la Bibliothèque. Cette ingénieuse opération n'aurait guère coûté que 150,000 fr. à forfait. Ce forfait-là eût reçu immédiatement son exécution, si la Bibliothèque avait été administrée alors par un citoyen attaché, comme vous, à son devoir, et, comme vous, exact à le remplir aveuglément.

Agréez, etc.

PAUL LACROIX

(BIBLIOPHILE JACOB).

1er octobre 1849.

XVIII.

Monsieur l'Administrateur général,

Je vous parlais hier de certains ouvrages qui doivent avoir ou qui du moins ont eu, à la Bibliothèque Nationale, un exemplaire d'élite relié en maroquin rouge, aux armes de France, comme destiné à faire partie de la collection du roi. Voici, aujourd'hui, que je vous signale un de ces ouvrages; voilà que je vous renvoie un de ces exemplaires.

Origine des postes chez les anciens et chez les modernes, par M. Lequien de la Neufville, de l'Académie royale des Inscriptions et médailles. *Paris, Pierre Giffart,* 1708, in-12, relié en mar. rouge, aux armes du roi, avec deux timbres portant *Bibliothecæ Regiæ*, et deux numérotages, F. 3209, et F 4500.

Vous avez certainement plusieurs exemplaires de ce livre, mais on peut parier qu'aucun de ceux qui vous restent ne vaut celui-ci que sa reliure attachait plus particulièrement à la collection du roi. Vous conviendrez, avec moi, que le savant ouvrage d'un membre de l'Académie des Inscriptions n'était pas fait pour s'habiller de veau ou de basane, dans la Bibliothèque Royale, comme les *Aventures du sieur d'Assoucy*, comme les tragédies de M. Pradon, comme les galanteries de M. Le Pays. Louis XIV n'entendait pas que ses pensionnaires, membres de ses Académies, fussent vêtus à l'instar des goujats littéraires qui faisaient foule dans la Bibliothèque, comme le menu des courtisans dans les antichambres de Versailles.

Il serait difficile de dire avec certitude à quelle époque ces beaux exemplaires ont été enlevés et ont cédé la place à des successeurs indignes qui se sont attribué insolemment le rang et le numéro des absents : il en est des livres perdus comme du mari de la matrone d'Éphèse : *Mieux vaut goujat debout qu'empereur enterré*. En conséquence, on a trop vite oublié les élégantes et riches reliures qui décoraient tant de volumes, que le malheur des temps a remplacés par d'autres plus modestes et moins dignes d'un roi ; on s'est accoutumé à des reliures communes qui semblent, en quelque sorte, un anachronisme dans une collection que Louis XIV et Colbert avaient enrichie à si grands frais. Il est permis d'avancer que les métamorphoses de volumes, que je déplore, ont eu lieu à toutes les époques, mais plus particulièrement au dix-huitième siècle, lorsque les pourvoyeurs des bibliothèques d'amateurs ne reculaient devant aucun sacrifice ni aucune démarche pour conquérir de beaux exemplaires. De là, les ventes à l'encan de doubles ou soi-disant tels. Dans lesdites ventes, on glissait toujours quelques livres uniques qui s'en allaient tomber directement dans le cabinet des principaux amateurs, sans même que ceux-ci fussent à l'affût pour les guetter au passage. Dieu sait tout ce qu'une main complaisante et intéressée pouvait glisser dans de pareilles ventes, où Girardot de Préfond, Gaignat, Mme de Pompadour, le duc de La Vallière trouvèrent des merveilles ! On accuse le libraire Chardin d'avoir été le plus adroit intermédiaire de ces ventes et de ces échanges qui firent la fortune des bibliothèques particulières et la ruine des Bibliothèques publiques dans le dernier siècle.

Pour avoir une idée de ce que la Bibliothèque du Roi a perdu par ces ventes et par ces échanges, passez en revue vos livres de Chasse, et voyez ce que vous avez sauvé de ces livres qui se comptaient par centaines dans la collection du roi. Les rois de France aimaient trop la chasse, pour ne pas avoir non-seulement tous les traités de vénerie et de fauconnerie, mais encore toutes les éditions de ces traités si souvent réimprimés et pourtant si rares. Eh bien ! vous n'avez maintenant, par exemple, que trois exemplaires de la *Vénerie*, de Du Fouilloux, en éditions du seizième siècle : l'un, édition des *Marnefz et Bouchetz frères*, est incomplet de plusieurs cahiers qui semblent avoir été arrachés de la main des *picoreurs de l'endroit* ; l'autre, relié en vieux maroquin, sans armes, est taché, graissé, éreinté, pour avoir été prêté pendant six mois à un artiste qui en a copié les figures ; le troisième, malgré sa reliure récente en maroquin du Levant, est un horrible exemplaire, trouvé dans les reliques de la Bibliothèque du Tribunat. *Ab uno disce omnes.* Vous n'avez qu'à visiter l'admirable collection de livres de chasse réunie par M. Jérôme Pichon, pour vous assurer que la Bibliothèque Nationale ne possède rien ou presque rien dans cette série de livres précieux. Je vous conseille d'en rejeter la faute sur Louis XIV, qui avait extrait de sa Bibliothèque de Paris la plupart des ouvrages cynégétiques pour les mettre à Versailles et dans ses rendez-vous de chasse : Louis XIV avait même voulu garder le célèbre manuscrit original de Gaston Phœbus, que l'incendie du château de Neuilly a fait rentrer au dépôt de la Bibliothèque Nationale, après un siècle et demi d'absence et de pérégrinations.

Ce n'est pas vous, Monsieur l'Administrateur général, qui auriez permis à Louis XIV de s'approprier ainsi le bien de l'État : vous lui auriez dit son fait (sans figure de rhétorique), comme vous avez dit le sien au prisonnier de Ham, qui osait demander l'autorisation d'emprunter des livres, en regrettant de ne pouvoir venir les lire dans votre Salle de lecture. Louis XIV formulait son système en ces termes : *l'Etat, c'est moi ;* vous pouvez dire aussi, pour définir votre système : la Bibliothèque, c'est moi !

Agréez, etc.

PAUL LACROIX
(BIBLIOPHILE JACOB).

2 octobre 1849.

XIX.

Monsieur l'Administrateur général,

Vous accueillerez avec intérêt le bouquin moisi que j'ai l'honneur de vous adresser aujourd'hui.

Vie de l'Empereur Julien, par M. l'abbé de La Bletterie. *Paris, ve Savoye*

1775, in-12, relié en veau marbré; timbre de la Bibliothèque Nationale, J. 443.

I+A.

L'auteur de cet ouvrage, que les critiques de Voltaire ont rendu célèbre, était, comme vous, membre de l'Académie des Inscriptions; comme vous, il avait été professeur de rhétorique chez les frères de l'Oratoire; comme vous, il a traduit, commenté et préconisé les écrivains de Rome antique; et pourtant il n'a jamais été créé pair de France, ainsi que vous deviez l'être en compagnie de feu M. Letronne, si la Chambre des pairs et la royauté de Louis Philippe eussent vécu trois mois de plus.

Pair ou non, vous ne recevrez pas avec moins de satisfaction un volume qui a passé par les mains de l'abbé Gueroult, autre traducteur, autre professeur de rhétorique. On voit sur la garde dudit volume, qu'il fut donné en prix *ingenuo adolescenti* Claude Chamerolles Lambert, le 7 janvier 1779, par ce digne professeur du collége des Grassins.

Vous en pouvez conclure, avec moi, que ce volume, qui s'était trouvé on ne sait comment ni pourquoi dans le dépôt des livres provenant des couvents et colléges supprimés, n'entra dans la Bibliothèque Nationale que pour y remplacer un exemplaire absent de la même édition. Les deux éditions précédentes, celles de 1735 et de 1746, sont sans doute représentées, chez vous, par de beaux exemplaires reliés en maroquin rouge aux armes du roi, comme devait l'être, comme l'était à cette époque tout ouvrage de quelque valeur littéraire. Jérôme Bignon et Frédéric Bignon n'eussent pas souffert que la Bibliothèque du Roi refusât les honneurs du maroquin au plus obscur de leurs collègues à l'Académie des Inscriptions. On n'a pas tant d'égards, de notre temps, pour les académiciens et leurs ouvrages contemporains : je me souviens qu'en 1835 l'admirable dissertation d'Émeric David sur la Peinture au moyen âge ne se montrait, à la Bibliothèque Royale, que sous la forme d'un affreux exemplaire en haillons, et cet exemplaire avait disparu lui-même en 1842, lorsque je l'ai remplacé par la nouvelle édition que je publiai alors comme pour combler une des plus fâcheuses lacunes de la Bibliothèque. Je vous citerai certains ouvrages de vos honorables collègues, auxquels vous n'avez pas même accordé l'élégante reliure de veau fauve, qui va si mal aux mains sales de votre public ordinaire, à ses inévitables pâtés d'encre et aux bureaux incultes de votre Salle de lecture. En revanche, vous faites relier coquettement, en veau fauve, par Simier, Bradel, Duru et Bauzonnet, toutes les compilations usuelles que le dépôt légal vous envoie gratis, et vous n'hésitez pas à parer d'une reliure de six francs un misérable volume qui se vendra tout à l'heure au poids du papier. On ne soupçonnerait pas, sans l'avoir vu, le triste et honteux état dans lequel on vous a mis tant de livres publiés et reliés d'hier : il y a, par exemple, deux exemplaires des *Girondins*, couverts de votre livrée en veau fauve, mais tout pollués, tout noircis, tout mutilés, comme s'ils avaient traîné dans tous les faubourgs de Paris, infectant le tabac, la crasse et le reste.

Attollite portas, Monsieur l'Administrateur général; vous n'avez pas encore assez de lecteurs, et vous avez trop de livres, grâce à cet innombrable *non porté*, qui équivaut à deux ou trois bibliothèques sans catalogue au milieu de la Bibliothèque cataloguée. Les livres sont immortels à la façon des académiciens, c'est-à-dire à condition qu'on les réimprime. Il ne vous chaut que vos aimables lecteurs détruisent, bon an mal an, deux ou trois exemplaires des *Girondins* de M. Lamartine, que paye l'auteur ou le libraire à titre de dîme ou de corvée, et que l'Etat, représenté par vous, relie gracieusement à ses frais. Excusez du peu.

Agréez, etc.

PAUL LACROIX
(BIBLIOPHILE JACOB).

3 octobre 1849.

XX.

Monsieur l'Administrateur général,

« Tuez toujours! criait-on à la Saint-Barthélemy, Jésus-Christ reconnaîtra les siens. » Vous pouvez aussi vous écrier : « Coupez, effacez, recouvrez l'estampille des livres errants de la Bibliothèque Nationale! faites disparaître la lettre de série et le numéro d'ordre! défigurez même la reliure, en attaquant les armes du roi à l'emporte-pièce! rien n'y fera : l'œil du maître reconnaîtra toujours et partout le volume appartenant à la Bibliothèque. » Est-ce vous, Monsieur, qui vous engageriez à reconnaître les vôtres? En voici un qui vous revient, comme un soldat estropié après la bataille, sans timbre (il est coupé), sans lettre et sans numéro (ils sont effacés).

Éphémérides politiques, littéraires et religieuses, par le citoyen Noël, inspecteur général de l'instruction publique, et le cit. Planche, instituteur. Seconde édition, revue, corr. et augm. (Mai et juin.) *Paris, Le Normant*, 1803, 2 part. en 1 vol. in-8°, relié en veau marbré, fil.

Que vous en semble, Monsieur l'Administrateur général? Auriez-vous reconnu votre bien dans ce volume ainsi dénaturé et métamorphosé? Répondez à la question, avec la *foi* et la *conscience* dont votre *Lettre à M. Libri* nous a donné un éclatant témoignage : ce volume est-il de ceux qu'on ne saurait acquérir ni posséder légitimement? Vous l'avez déclaré dans la *Rectification d'un passage de la Lettre à M. Libri*, les *prétendus possesseurs de bonne foi* ont ordinairement une bonne foi, *qui, dans l'hypothèse la plus favorable, va bien jusqu'à ne pas voler soi-même et à payer le prix des livres qu'on achète, mais qui ne va pas jusqu'à s'enquérir de la provenance d'un livre suspect, marqué d'un signe de suspicion.*

La proposition est formelle : on ne doit jamais acheter un livre suspect, sans s'être enquis de sa provenance, en remontant, s'il le faut, jusqu'à la dixième génération de ses possesseurs. Selon vous, un livre *suspect* est celui qui porte encore les traces d'un timbre, soit coupé, soit effacé, soit recouvert. Voilà votre loi et vos prophètes. Eh! Monsieur l'Administrateur, vous êtes peut-être, sans doute, très-versé dans la théorie et la pratique de votre Bibliothèque du Roi, mais vous n'entendez pas le premier mot aux choses des bibliothèques publiques et particulières. Avez-vous acheté quelquefois des livres pour votre compte? En avez-vous acheté par commission, non-seulement à l'étranger, mais encore en France? Avez-vous eu quelque belle occasion d'appliquer votre prodigieux système en matière d'achat de livres? Avez-vous même défini ou établi les caractères du livre suspect?

Quoi! vous ignorez (et je m'étonne qu'un savant tel que vous aille de la sorte afficher son ignorance), vous ignorez que la plupart des livres anciens, qui tombent et retombent sans cesse dans le commerce et la circulation, offrent ce *caractère de suspicion* que vous dénoncez aux scrupules des amateurs et des possesseurs : ces livres proviennent des grandes Bibliothèques qui depuis quatre siècles se sont successivement formées et détruites; ces livres ont eu des estampilles ou des cachets; souvent, ils les conservent encore; ces livres ont également des lettres, des numéros, des signes, indiquant la place qu'ils occupaient dans un catalogue ou dans une armoire. Et ce sont là les livres suspects dont il faut rechercher la provenance! Je vous mets à l'œuvre, vous, Monsieur l'Administrateur général : comment vous y prenez-vous pour rechercher et découvrir cette provenance? Vous examinez avec soin, à la loupe, s'il le faut, les vestiges de l'estampille enlevée ou grattée; vous interrogez l'aspect du numérotage; vous vous rendez compte de tous les indices matériels qui peuvent vous renseigner sur ce que je nommerai l'état civil du volume. C'est bien, et je vous loue d'être un bibliophile si fin, si délicat, si consommé; je vous vois d'ici embrassant l'histoire des Bibliothèques du monde entier, leur formation, leur dispersion, leur organisation : tout est pour le mieux; vous n'avez qu'à toucher un volume pour nous dire tous les maîtres qu'il a eus depuis son origine; il ne vous faut qu'une note, un chiffre, une lettre, une croix, pour constater que Baluze, La Monnoye, Sepher, Goujet, Secousse, Falconnet, Barbier, ont possédé ce volume qui garde encore l'empreinte de cette honorable possession ; vous êtes enfin devenu tout à coup un bibliographe ou, du moins, un bibliothécaire. J'en félicite la Bibliothèque Nationale.

Mais nous demanderez-vous à nous, pauvres apprentis bibliophiles, la même science universelle, et cela, dans l'unique but de nous enquérir de la provenance des livres que nous achetons en aveugles, à votre avis ? De grâce, apprenez-nous à reconnaître un livre suspect entre mille. Je vous vois venir : l'achat d'un ancien livre est une affaire grave et sérieuse ; elle peut avoir les plus terribles conséquences, témoin le procès criminel (pardonnez-leur, mon Dieu, ils ne savent pas ce qu'ils font !) intenté à M. Libri ; acheter un livre, c'est engager sa responsabilité dans le présent et dans l'avenir. Conclusion : vous n'avez jamais acheté de livres, vous n'en achèteriez pas pour un empire, voire pour un manteau de pair de France ; et cependant, Monsieur, vous n'aviez pas l'honneur de connaître les deux experts (Minos et Rhadamante) qui vous ont averti que deux lettres autographes, dérobées à la Bibliothèque Nationale, allaient être vendues aux enchères ! Imprudent M. Libri, qui a osé acquérir tant de livres à l'étranger, sans les voir, sans les passer à votre alambic, sans les soumettre à votre pierre de touche ! Malheureux et coupable M. Libri, qui s'est permis d'acheter, un jour, chez un libraire honorable, bien patenté et bien connu, quatre mille volumes à la fois, en bloc, sans enquête préalable, sans examen postérieur !

Certes, Monsieur l'Administrateur général, ce n'est pas vous qui auriez fait une pareille folie. Acheter des livres ! fi donc ! s'exposer à faire entrer chez soi des livres volés, avec ou sans estampille ! *Quelque sot !...* comme dit Figaro, qui n'était pas de votre famille. Brisons-là, Monsieur l'Administrateur général, et jurez-nous, sans figure de rhétorique, que vous n'avez jamais eu, que vous n'avez pas à cette heure un seul livre ayant un *caractère de suspicion*, sinon une provenance suspecte ?

Agréez, etc.

PAUL LACROIX
(BIBLIOPHILE JACOB).

4 octobre 1849.

XXI.

Monsieur l'Administrateur général,

Voici un volume, frère aîné du volume que je vous adressais hier : comme lui, privé de son estampille qui a été coupée, mais non dépossédé, comme lui, de sa lettre de série et de son numéro d'ordre, qu'on n'a pas jugé nécessaire d'effacer, pour se tranquilliser sur une possession valant titre.

Éphémérides politiques, littéraires et religieuses, par le citoyen Noël, inspecteur général de l'instruction publique, et le cit. Planche, instituteur. Seconde édit., revue, corr. et augm. (Mars et avril.) *Paris*, *Lenormand*, 1803, 2 part. en 1 vol. in-8°, relié en veau marbré, fil.; maculature rouge du timbre de la Bibliothèque Impériale, G. 1479.

5

Selon votre opinion, tout livre, dont l'estampille a été coupée, ressemble fort à un livre suspect, et tout livre suspect est bien près de ressembler à un livre volé. Tel est inévitablement le système que vous devez soutenir pour proclamer l'imprescriptibilité du droit de la Bibliothèque Nationale, cet hippogriffe que vous avez enfourché si bravement, à propos de l'autographe de Molière, et qui vous conduira tout droit dans la lune où l'Arioste a mis en bouteille, non les autographes, mais la raison des grands hommes. Je reviendrai un jour ou l'autre sur l'autographe de Molière, que vous avez repris en vertu d'un arrêt autocratique de la Cour royale. Nous appelons de cet arrêt à la Cour... d'appel.

Je vous demandais donc si vous n'avez pas (cherchez bien ?) dans votre petite bibliothèque d'académicien quelque volume *marqué d'un caractère de suspicion* (nous savons ce que vous entendez par là). Je vous suppose très-inquiet, très-confus, très-perplexe, en cas que vous ayez trouvé ce volume. Ce n'est pas moi qui l'y ai mis, Monsieur l'Administrateur général ; mais, je consens volontiers à vous rassurer là-dessus, en vous rappelant, comme je vous l'écrivais hier, que la plupart des anciens livres ont été ou sont encore estampillés, timbrés, marqués, lettrés, numérotés. Avant votre *Lettre à M. Libri*, avant la jurisprudence draconienne que vous prétendez établir en matière de possession de meubles, ces innocentes marques ou estampilles étaient généralement respectées ; on n'y prenait pas garde ; on laissait passer la justice des bibliophiles. Mais aujourd'hui, depuis que vous avez décrété la terreur dans la vieille librairie, et promulgué votre loi des suspects, c'est un empressement général à effacer, à couper, à couvrir, à laver, à détruire enfin toute estampille, toute marque caractéristique qui pourrait autoriser votre suspicion. Vous-même, Monsieur, vous devez être impatient de faire disparaître, s'il y a lieu, des livres de votre bibliothèque particulière, tout caractère de suspicion et tout prétexte de revendication ou de controverse : dites, ne pensez-vous pas avoir le droit de supprimer une estampille dans un livre que vous auriez acquis de bonne foi ? Et si cette estampille avait été déjà supprimée, d'aventure, au moment où le livre est entré en votre possession, douteriez-vous de la légitimité de cette possession, et accepteriez-vous pour votre propre compte les reproches et les soupçons que vous adressez un peu bien légèrement à ceux que vous nommez de *prétendus possesseurs de bonne foi ?*

Consultez sur ce point les deux experts (Minos et Rhadamante) que vous avez à présent l'honneur de connaître et qui sont gens exercés en ces sortes d'affaires : informez-vous auprès d'eux de l'insinuation, de l'induction, de la conclusion qu'ils pourraient tirer de la découverte d'un volume ou de plusieurs volumes suspects dans votre bibliothèque particulière. La guerre qu'ils ont faite à M. Libri me laisse fort troublé, fort indécis, à votre endroit. Imaginez-vous que ces experts de nouvelle roche ont choisi, saisi et incriminé, parmi les 40,000 volumes composant les collections de M. Libri, deux ou trois cents volumes, au moins, *marqués d'un caractère de suspicion* : Estampilles coupées, estampilles effacées, estampilles lavées, estampilles masquées, estampilles des Bibliothèques de Saint-Victor, de Saint-Germain-des-Prés, du Tribunat, de la Sorbonne, du collége Louis-le-Grand, etc. Vous frémissez, Monsieur (figure de rhétorique), vous frémissez d'indignation ! mais, Dieu merci ! nous avons des experts à Paris, comme il y avait des juges à Berlin.

Vous frémirez encore davantage, en apprenant que lesdits experts ont appréhendé au corps, comme suspect, dans le domicile de M. Libri, un ouvrage en 37 volumes in-folio. *Quos ego!* allez-vous vous exclamer, en supposant que ces 37 in-folios, reliés en maroquin rouge, aux armes, ne peuvent appartenir qu'à la Bibliothèque du Roi. Je ne dis pas non : cela s'est vu ; mais ce magnifique exemplaire de la collection des Conciles a été vendu à M. Libri, par le libraire Techener, qui l'avait acheté d'un libraire de Malines, qui l'avait acheté dans le département du Nord.

L'excellente occasion de faire admettre par les experts votre opinion sur la provenance des livres et sur leurs différents caractères de suspicion! N'imitez pas, cependant, le Comité de Salut public qui avait renvoyé la définition du mot *suspect* aux arrêts du tribunal révolutionnaire.

J'en reviens, s'il vous plaît, aux livres à estampilles, in-folios ou in-16, que vous pourriez avoir, par mégarde, le plus innocemment du monde, dans votre modeste bibliothèque. Que si les estampilles avaient été coupées, je vous servirai volontiers de caution pour établir qu'avant votre jurisprudence en matière de bibliothèques publiques, on avait commencé à effacer ou à couper les estampilles des livres, quand ces estampilles pouvaient à tort ou à raison discréditer ceux qui les portaient. Ainsi, les doubles de la Bibliothèque du Roi, vendus ou échangés au dix-huitième siècle, avaient une double estampille qu'on n'a guère laissée subsister ; les timbres des livres de la première Bibliothèque Mazarine, vendus par arrêt du Parlement ; ceux des doubles de l'Arsenal, cédés régulièrement au libraire Merlin ; ceux des livres de la Bibliothèque de Saint-Victor et de la Bibliothèque de Saint-Germain-des-Prés, ont été généralement coupés ou effacés, pour obvier à des doutes, à des défiances, à des contestations. On a également fait disparaître par le grattage ou le lavage les grossières et sales estampilles des livres de la Bibliothèque du Tribunat, de la *Bibliotheca Heberiana*, de la Bibliothèque de Simon de Troyes, et de la plupart des Bibliothèques italiennes, où le timbre, prodigué sur les volumes, équivalait à une large tache insupportable aux yeux d'un bibliophile.

Après ces renseignements, que j'abrége et que je livre aux commentaires de vos deux experts (Minos et Rhadamante), vous n'avez qu'à dormir tranquille sur vos in-folios à estampilles coupées, effacées, lavées ou grattées. Je vous délivre un certificat de possesseur de bonne foi.

Agréez, etc.

PAUL LACROIX
(BIBLIOPHILE JACOB).

5 octobre 1849.

XXII.

Monsieur l'Administrateur général,

Voici venir le premier volume d'un ouvrage qui n'en a que deux, par bonheur, et dont le second avait déjà été remis en place, par mes soins.

Histoire des douze Césars, traduite du latin de Suétone, par Maurice Levesque, tome premier. *Paris, Arthus Bertrand*, 1808, in-8°, relié en veau racine, à l'N couronnée, aux armes impériales ; timbre de la Bibliothèque Impériale. (Le numéro d'ordre est effacé, mais on distingue encore la lettre de série J.)

Cette réintégration est d'autant plus importante, que la traduction de Suétone, par Levesque, de même que votre traduction de Plaute, n'ayant pas été réimprimée, la Bibliothèque Nationale n'avait plus un seul exemplaire de ce livre à mettre à côté des traductions précédentes de Baudouin, Laharpe, Delisle de Sales, etc. Vous ne pouvez trop tenir à voir au grand complet l'innombrable série de vos traductions d'auteurs latins, traductions si utiles pour les jeunes citoyens du collége Bourbon ou Bonaparte, qui fréquentent assidûment la Salle de lecture de la Bibliothèque Nationale, comme les élèves du collége Charlemagne profitent du voisinage de la Bibliothèque de l'Arsenal, comme les externes des colléges Henri IV et Saint-Louis se sont emparés de la Bibliothèque de Sainte-Geneviève. A propos de traductions, celle des *Commentaires* de César, par Varney, vous a fait défaut, et je me flatte de la reconquérir, quelque jour, à votre intention.

Si le service de la Salle de lecture, ainsi que celui du prêt au dehors, étaient mieux entendus et mieux ordonnés, vous sauriez toujours, à point nommé, par quelles mains de lecteurs ou d'emprunteurs, ont passé les livres qui manquent sur vos rayons; vous sauriez que, tel jour, tel ouvrage a été confié à telle personne; vous sauriez que cet ouvrage a été lu ou prêté deux fois, dix fois, cent fois, dans le cours de l'année, dans l'intervalle d'un lustre ou d'un demi-siècle. Ainsi, au moment où je vous restitue l'*Histoire des douze Césars,* que le hasard m'a fait rencontrer dans la défroque d'un vieux bouquiniste, vous devriez pouvoir nous rendre compte de la sortie de ce livre qui, peut-être depuis quinze ans, vagabonde hors de la Bibliothèque; vous devriez pouvoir nous dire, avec certitude, s'il a été volé dans votre Salle de lecture et par qui il a été volé; ou bien s'il s'en est allé courir les champs, par la fausse route du prêt; et si l'emprunteur a été infidèle par négligence, par déloyauté, ou par force majeure. J'en demande, répondrez-vous, plus qu'un bibliothécaire n'en doit et n'en peut faire? Je demande, Monsieur l'Administrateur général, ce que vous obtiendrez sur-le-champ de M. Panizzi, conservateur de la bibliothèque du *British Museum*. M. Panizzi vous dira, par exemple, si la chose vous préoccupe, combien de lecteurs et quels lecteurs se sont attaqués à votre *Conjuration d'Étienne Marcel*, depuis notre révolution de février 1848.

Ce n'est pas sans raisons que je vous invitais à faire un voyage à Londres, et une visite au *British Museum* ; car, votre *Lettre à M. Libri* ne le prouve que trop, vous ne soupçonnez pas quelle est l'organisation de cette Bibliothèque-modèle, et vous ne croyez pas que la Bibliothèque Nationale ait à lui envier quoi que ce soit, fût-ce son directeur, aussi bon bibliographe que bibliothécaire éprouvé. Vous ne comprenez pas que, dans cet établissement qui renferme 431,539 volumes, le récolement général ait pu être exécuté en moins de trois semaines par trois employés ? Vous voyez dans l'énoncé de ce fait une figure de rhétorique (vous en voyez partout) qui a nom *catachrèse* ; mais, encore une fois, allez voir cette Bibliothèque admirablement organisée, dirigée et surveillée par M. Panizzi et ses *collaborateurs* ; vous comprendrez alors que ce récolement général, qui vous semble un *conte de bibliothécaire*, s'est fait aussi facilement et aussi promptement que vous l'a dit M. Libri. Ce n'est pas la machine à vapeur appliquée au récolement des livres d'une bibliothèque, c'est un système simple et ingénieux à la fois, qui fonctionne tous les jours, et qui, au jour dit, donne la preuve mathématique de sa justesse et de son excellence. Souvenez-vous de l'œuf de Christophe Colomb et tâchez de découvrir une Amérique en fait d'administration de la Bibliothèque Nationale ; découvrez du moins autre chose que les bas-fonds, les écueils et les abîmes, au milieu desquels vous conduisez votre barque d'Administrateur général de cette déplorable Bibliothèque.

Celle du *British Museum* vous offre son exemple à suivre les yeux fermés : 1° Supprimez le prêt de livres au dehors ; 2° exigez des lecteurs le dépôt et l'enregistrement d'un certificat de notoriété ; 3° dressez inventaire exact de tout ce que renferme la Bibliothèque ; 4° reconnaissez-vous responsable de tous les livres et autres objets inventoriés, après un récolement général; 5° mettez à jour vos catalogues et publiez-les d'une manière convenable, avec l'aide, s'il le faut, des bibliographes; 6° réclamez l'inamovibilité des bibliothécaires; 7° contentez-vous d'administrer *administrativement*, sans descendre dans les détails de service qui appartiennent aux conservateurs spéciaux; 8° écartez de la Bibliothèque les lecteurs oisifs, au profit des lettrés et des érudits; 9° employez votre autorité et votre crédit à faire commencer les travaux définitifs d'agrandissement et d'appropriation dans les bâtiments de la rue Richelieu; 10° abandonnez une jurisprudence inique et ridicule, qui consiste à faire admettre l'imprescriptibilité du droit de la Bibliothèque; 11° ayez l'amour-propre d'un bibliothécaire et non pas seulement celui d'un comptable; songez que la Bibliothèque qui vous est confiée est la plus belle du monde, et qu'elle mérite d'être administrée comme une bibliothèque et non comme un dépôt de mendicité.

Un mot encore sur votre jurisprudence: Si quelque libraire honnête et consciencieux vous rapporte un livre, un manuscrit important, qu'il aurait acquis de bonne foi, gardez-vous bien de lui dénier l'indemnité à laquelle il a droit; et si vous daignez lui accorder cette indemnité qui encouragera des restitutions du même genre, tâchez au moins qu'elle ne soit pas dérisoire. Je me souviens qu'un de nos jeunes libraires les plus distingués, M. Guillemot, trouva chez un épicier, dépeceur de livres, un volume manuscrit, relié en maroquin rouge, que le fatal couteau allait anéantir : c'était le premier tome d'un recueil sur les pairs de France (cela vous regardait): le timbre, le numéro, les armoiries témoignaient de l'origine de ce manuscrit. M. Guillemot le porta religieusement à la Bibliothèque, où l'on constata que le précieux volume était absent depuis plus de quarante ans. Après bien des démarches et des pourparlers qui durèrent plusieurs mois, on remboursa, sans intérêts, les douze francs que M. Guillemot avait payés, pour racheter et sauver le bien de l'Etat mis en péril par l'ignorance d'un épicier ! Le véritable épicier était certainement à la Bibliothèque du Roi ; je crains qu'il n'y soit encore.

Agréez, etc.

PAUL LACROIX
(BIBLIOPHILE JACOB).

6 octobre 1849.

XXIII.

Monsieur l'Administrateur général,

Voici encore un volume de la charmante Bibliothèque de Choisy-le-Roi, que la révolution de 92 avait réunie à la Bibliothèque Nationale.

Recueil des Oraisons funèbres prononcées par messire Esprit Fléchier; nouv. édit. *Paris*, *Jean Desaint*, 1740, in-12, relié en maroquin rouge, tranche dorée, aux deux L couronnées et aux armes du roi ; timbre de la Bibliothèque Nationale, X. 3810.

Cet ouvrage et cette même édition étant décrits, sous le même numéro, dans le Catalogue imprimé des Belles-Lettres, publié en 1750, il est certain que notre exemplaire avait, depuis 1792, remplacé un absent, par les soins attentifs de Van Praet qui fut toujours possédé du désir de cacher les pertes de sa chère Bibliothèque. Il pouvait ainsi se faire illusion.

Ledit exemplaire, que j'ai l'honneur de vous renvoyer en assez bon état, après vingt-deux ans d'absence, vous prouvera que la Bibliothèque du Roi ne prêtait pas ses livres les plus rares ; et que le prêt à domicile semblait inventé pour encourager les lectures édifiantes. Ainsi, je parierais volontiers que votre *Conjuration d'Étienne Marcel* était rarement en place, sous la Restauration. *Que les temps sont changés !* s'écrie Abner, qui fut peut-être, comme vous, administrateur général de la bibliothèque de l'implacable *Athalie*.

Quant à la Bibliothèque du château de Choisy-le-Roi, elle a fourni quantité de jolis exemplaires à celle de la Nation, dans laquelle on l'avait incorporée avec plusieurs autres provenant des châteaux royaux. Mais je ne sais comment il s'est fait que beaucoup de ces exemplaires se soient mis en campagne ; j'en ai rencontré souvent à Paris et à Londres, qui ne se pressaient guère de vous revenir. Je regrette moins, je l'avoue, les livres de piété, que les romans qui ont décampé de la sorte. Ces bibliothèques de résidences royales contenaient quelques ouvrages assez libres, qui eussent pu arriver, dans votre Enfer, tout naturellement. Je doute pourtant que l'on y ait trouvé *Thérèse philosophe*, *le Portier des Chartreux*, les poëmes de Dulaurens et les ordures du poëte Robbé. C'est dans la bibliothèque particulière de Mme Dubarry, à Luciennes, que s'étaient donné rendez-vous ces *obscœna*, reliés très-galamment aux armes de la comtesse.

Vous aviez pourtant, au fin fond de votre Enfer, bon nombre d'éditions de la *Pucelle* de Voltaire avec des gravures qui en faisaient le piquant ; et ces exemplaires illustrés avaient une origine plus ou moins royale. Certes, ce ne sont pas les rois de France qui ont repris leurs livres partout où ils les retrouvaient. Qu'avez-vous fait, qu'a-t-on fait de toutes ces *Pucelles* ? Ont-elles passé, de votre Enfer, en paradis ?

Agréez, etc.

Paul LACROIX
(BIBLIOPHILE JACOB).

7 octobre 1849.

XXIV.

Monsieur l'Administrateur général,

C'est une belle et utile institution que la Bibliothèque Nationale, qui prête de tels livres à ses emprunteurs ordinaires :

Abrégé de la vie des Saints pour tous les jours de l'année, par M. J*** (Jauffret ?). Tome second. *Rouen, Mégard*, 1812, in-12, relié en veau racine, aux armes du roi ; timbre de la Bibliothèque Royale, H. 3320.

K. 2.

Que vous semble-t-il des avantages du prêt, au point de

vue d'un pareil livre? Vous en serez étonné vous-même, vous qui ne vous étonnez de rien, fût-ce la décadence et la ruine de la Bibliothèque. *Si fractus illabatur orbis.* De l'homme d'Horace à l'homme de Plaute, il n'y a qu'une traduction.

Je me permettrai de vous répéter ce qu'on raconte de la sortie de ce volume hors de la Bibliothèque du Roi. Un de vos prédécesseurs, non moins académicien, mais plus bibliothécaire, avait le privilége d'être admis, le soir, dans la loge d'une des plus charmantes actrices de Paris, qui réunissait autour d'elle une cour de beaux-esprits. N'avez-vous pas fait figure aussi dans cette cour-là (et je ne dis pas figure de rhétorique), Monsieur l'Administrateur général, vous qui, taillé sur le patron des amoureux de théâtre, étiez plus remarquable et plus remarqué qu'Elleviou dans son meilleur temps? Votre *humble* prédécesseur n'avait pas ces avantages; il savait causer assez peu pédantesquement, et, de plus, il savait admirer en silence la divinité du lieu. Quand cette belle et gracieuse personne était en scène, ses amis tenaient cercle dans sa loge, et notre bibliothécaire, qui s'y était quelquefois trouvé seul, avait l'habitude de se pourvoir d'un livre, d'un livre de la Bibliothèque du Roi, d'un livre d'érudition ou de littérature. Je vous laisse à penser s'il était exact à le rapporter avec lui. Mais un jour il se trompa de volume, et prit distraitement celui que je vous renvoie aujourd'hui, au lieu d'un tome de Nicéron. Il arriva de bonne heure dans la loge de la princesse. Ah! Monsieur, j'aurais donné une bonne pinte de mon sang pour être à la place de l'académicien ou plutôt de son volume; car, en l'ouvrant, il s'aperçut de son erreur; il voulut faire bon cœur contre fortune, et tâter de cette lecture édifiante: le sommeil s'empara de lui, et si fortement, que, ce livre tombé de ses mains, il n'ouvrit pas même les yeux, pendant que l'adorable Elmire s'habillait en riant devant lui; il ne s'éveilla qu'au dernier acte du *Tartufe*, et vous comprenez qu'il oublia le trop soporifique volume sur la toilette qui l'avait recueilli, entre un pot de rouge et un flacon de blanc de perle. « Depuis quand êtes-vous ici ? lui demanda malignement l'actrice. — Hélas ! madame, reprit-il en soupirant, une autre fois, je ferai semblant de dormir. » Quant au volume, tombé du ciel chez Elmire, il y resta sans être ouvert, et depuis il passa successivement dans la loge de Marton, puis dans celle de Lisette, puis dans celle d'Araminte ; mais il n'eut pas l'avantage d'être lu par personne, ni de faire la moindre conversion. C'est pourquoi vous le revoyez, après trente ans d'absence, aussi neuf, aussi vierge, que s'il eût été conservé dans la boîte aux agnus de ces dames.

Mais, dira-t-on, la Bibliothèque Nationale a bien assez de Vies des saints pour se passer de celle-là. Je ne pense pas ainsi : la Bibliothèque étant centrale et générale, tous les livres, toutes les éditions y ont une importance relative à peu près égale, et cette Bibliothèque, qui reçoit le dépôt gratuit de tout ce qui se publie en France, ne saurait souffrir la moindre lacune dans ce dépôt. Voilà pourquoi je réclame, avec tant d'énergie, et l'abolition du prêt et la suppression du public inconnu. La Bibliothèque Nationale ne peut être un cabinet de lecture. Entre tous les inconvénients du prêt au dehors, je vous signalerai celui qui résulte de la non-identité de l'emprunteur. Rappelez-vous ce nommé Vateb..., qui vous emprunta, sous le nom de mon illustre ami Alexandre Dumas, une centaine de volumes, qu'il vendit sans vous en demander la permission ? Si l'on vous faisait jamais, sous mon nom, un emprunt du même genre, j'en serais fort honteux, et j'attaquerais le voleur en diffamation.

Ne serait-ce pas ce Vateb... qui vous aurait *emprunté* presque tous vos livres basques ? Vous en trouverez les *Desiderata* dans la nouvelle édition des *Proverbes basques* de Oihenart, publiée par mes amis Gustave Brunet et Francisque Michel. Je ne soupçonnais pas qu'on fît tant de cas du basque, dans notre Babel parisienne.

Agréez, etc.

PAUL LACROIX
(BIBLIOPHILE JACOB).

8 octobre 1849.

XXV.

Monsieur l'Administrateur général,

Je suis confus de vous renvoyer un livre aussi gras, aussi usé, aussi déshonoré ; on dirait un bréviaire de vieux chanoine, ou plutôt un des livres les plus maniés de votre Salle de lecture actuelle. Il y a pourtant vingt années au moins, qu'il en est hors.

Précis historique de la Révolution française, par J.-P. Rabaut. Quatrième édit. *Paris, Treuttel et Wurtz*, 1807, in-18, fig., rel. en veau jaspé, aux armes de l'Empereur ; timbre de la Bibliothèque Nationale, L. 1899.
G. c. 1

Si ce volume était précieux ou rare le moins du monde, e vous conseillerais de le mettre entre les mains des habiles restaurateurs de livres, qui se sont formés et perfectionnés à Paris, grâce aux encouragements des grands amateurs, tels que MM. Libri, Armand Bertin, Jérôme Pichon, Motteley, Cicongne, etc. La *bibliatrique* (l'imprimeur, j'en demande pardon au savant M. de Boissonnade, créateur de ce mot, m'a fait dire *biblialatrique*, dans mes *Lettres à M. Hatton*, que je vous conseille de lire pour vous instruire sur le compte des experts que vous n'aviez pas l'honneur de connaître), la bibliatrique, médecine ou restauration des livres, est à la fois une science et un art, que la Bibliothèque Nationale a trop négligés, si non dédaignés. Donner des soins aux beaux livres, c'est prouver qu'on les aime ; voilà comment la Bibliatrique est fille de la Bibliolâtrie.

Dans le cas où vous auriez un meilleur exemplaire du *Précis* de Rabaut Saint-Etienne, un exemplaire relié en maroquin rouge, fût-il aux armes du roi, je vous invite à y joindre quelques autographes. C'est ainsi que Châteaugiron, Pixérécourt et M. Fossé d'Arcosse *illustraient* les beaux exemplaires de leurs bibliothèques ; c'est ainsi qu'ils comprenaient la collection d'autographes... Mais j'oubliais que vous avez une horreur invincible contre les autographes et les autographophiles!

Cette horreur-là est, à coup sûr, de date récente, et vous n'eussiez point, j'imagine, avant février 1848, reproché à M. Libri de montrer trop de *sympathie* et de *complaisance* pour les autographophiles, lorsque vous étiez si curieux d'obtenir de lui le don d'un autographe de Napoléon. M. Libri avait eu le bonheur de découvrir un trésor, un carton tout rempli de correspondances et d'ouvrages écrits par Bonaparte, officier d'artillerie; mais une lettre autographe du grand homme n'en était pas moins un objet de haute valeur. M. Libri, avec sa générosité ordinaire, vous en fit don, et, à voir votre joie en recevant ce présent impérial, il ne pouvait guère penser que vous renonceriez si fièrement au démon des autographes, à ses pompes et à ses œuvres. Il y a des conversions de toute sorte. Or donc, puisque vous diriez volontiers, en parodiant le mot célèbre de Valentine de Milan : *Fi des autographes ! qu'on ne m'en parle plus!* je vous propose de transmettre au département des manuscrits le don que vous a fait M. Libri, et sous cette réserve que l'autographe de Bonaparte (valant 200 à 300 francs) sera dûment enregistré, numéroté et estampillé, pour qu'il n'ait jamais le sort de l'autographe de Molière. Avant d'en finir avec cet autographe, j'arrêterai un moment votre sagesse sur les procédés et les suites de votre jurisprudence en matière d'imprescriptibilité du droit de la Bibliothèque.

Qu'adviendrait-il, si l'on découvrait, dans quelque note d'un ouvrage imprimé en 1847, le renseignement suivant: « L'original de cette lettre autographe de Napoléon Bonaparte se trouve chez M. Naudet, directeur de la Bibliothèque du Roi. » On pourrait, avec un peu de bonne volonté, vous refaire votre procès de l'autographe de Molière, et vous poursuivre, à propos de lettre, avec la lettre de l'ancien règlement de la Bibliothèque, lequel défend aux conservateurs de posséder des collections de même nature que celles qu'ils conservent. Mionnet, en devenant premier employe du Cabinet des Antiques, se défit de toutes les médailles qu'il avait recueillies pour son usage ; mais, en revanche, répondrez-vous, Gossellin garda son médaillier, et l'augmenta même considérablement, à l'ombre du Cabinet des Antiques, qu'il n'en conservait pas moins bien. Je sais que, pour vous défendre d'une possession illégitime, vous invoqueriez le nom du précédent possesseur, M. Libri ; néanmoins, vous seriez dans une extrême perplexité, en apprenant que la Bibliothèque a fait acquisition, en 1845 et 1846, de deux amas de papiers historiques, relatifs à l'Empire et à l'Empereur. Eh bien ! Monsieur, voici de la pâture toute faite pour des experts qui voudraient vous chercher noise et vous infliger la peine du talion ?

N'en est-ce point assez pour vous faire prendre en aversion les autographes, et surtout les autographophiles ? Si M. Libri ne vous avait pas donné une belle lettre de Napoléon Bonaparte, vous n'auriez pas aujourd'hui la crainte d'être convaincu de posséder ou d'avoir possédé cette lettre ; ce sera d'un bon esprit, même en gardant la lettre, de garder rancune à M. Libri et à sa dangereuse générosité. Vous verrez, Monsieur, que, dans la prévision de ce qui s'est passé, il songeait peut-être à vous séduire. Singulier homme vraiment que ce M. Libri, qui donne en pur don des autographes, valant dix ou quinze louis la pièce, et qui arrache de sa propre main (au dire des experts et compagnie), dans les manuscrits de la Bibliothèque du Roi, des feuillets valant à peine cinq sous chacun !

Agréez, etc. PAUL LACROIX (BIBLIOPHILE JACOB).

9 octobre 1849.

XXVI.

Monsieur l'Administrateur général,

Je me proposais de vous envoyer aujourd'hui les deux volumes de la *Minéralogie* de Brongniart, édition de 1807, aux armes de l'Empereur et au timbre de la Bibliothèque Impériale : on les avait découverts, à mon intention, parmi les livres d'un honnête et actif libraire, M. Asselin, quai des Augustins ; mais M. Asselin a préféré vous les rendre lui-même, ce qu'il doit avoir fait à l'heure où je vous écris. Vous ne manquerez pas sans doute de lui tenir compte de ses déboursés, si vous ne lui allouez pas d'honoraires ; autrement, ce serait décourager pour toujours les libraires qui auraient envie d'imiter la conduite de M. Asselin. Nous verrons jusqu'où fléchira votre jurisprudence et votre front d'airain.

En attendant, voici, pour ne pas en perdre l'habitude, un volume à réintégrer à la place qu'il a quittée depuis vingt à vingt-cinq ans.

État militaire de la France pour l'année 1789, 31e édition; par M. de Roussel. *Paris, Onfroy,* 1789, petit in-12, relié en maroquin rouge, tranche dorée; timbre de la Bibliothèque Impériale, L. 2008.

C. 3. N. 6.

Ce n'est qu'un almanach, Monsieur, mais vous savez mon faible pour les almanachs où l'on trouve tant de perles historiques, biographiques, archéologiques, perdues dans le fumier des noms propres et des questions de personne. Il en est des almanachs, comme des vins, qui gagnent à vieillir. Jugez, par exemple, de l'importance qu'acquerra l'*Almanach Royal* de 1816 ou l'*Almanach National* de 1848, dans trois ou quatre siècles ; l'historien y puisera de précieux renseignements ; ayez donc soin que la collection de cet Almanach des favoris de la fortune soit toujours complète dans les archives de la Bibliothèque ; un jour, ce bienheureux Almanach dira ce que vous avez été, ce que vous êtes, ce que vous serez.

Ne concentrez pas toutefois votre sollicitude sur l'*Almanach royal* ou *national* ; l'intéressante famille des Almanachs appelle aussi vos sympathies et vos soins. Cette famille, hélas ! est un peu décimée à la Bibliothèque. Il y a des vides déplorables dans les meilleurs endroits, et l'on peut assurer qu'ils ne seront jamais comblés, à l'exception de quelques rares retours au logis. Rien ne passe plus vite que les hommes et les almanachs. Villon demandait : *où sont les neiges d'antan?* Je vous demanderai avec plus d'à-propos : où sont les almanachs de l'année dernière? Mon Dieu! ne soyez pas si dédaigneux à l'égard de mes chers almanachs, et ne me renvoyez pas avec eux aux calendes grecques.

Je ne vous parlerai pas de certains almanachs que la Bibliothèque a possédés et qui n'existent plus même dans le témoignage de nos contemporains : tels étaient ces deux Almanachs pour les années 1533 et 1535, almanachs *calculés sur la noble cité de Lyon*, par maître François Rabelais. N'allez pas croire cependant que je les aie vus, vos Almanachs rabelésiens, circulant chez quelque libraire ou quelque amateur? je confesserai même que je ne connais leur existence, que par une note de Huet et par deux citations consignées dans les *Rabelæsiana elogia*, d'Antoine Le Roy, dont le manuscrit original et inédit se conserve à la Bibliothèque dans l'ancien fonds du roi. Mais, sachez-le bien, le célèbre Gabriel Naudé, dont vous n'êtes pas le descendant, avait eu en mains ces précieux almanachs, que j'irais chercher à Rome s'ils y étaient allés. J'espère encore que vous les retrouverez en continuant l'œuvre de votre Catalogue, fût-ce en 1880. Vous ne soupçonnez pas qu'une portion des livres et des manuscrits de la bibliothèque particulière de Rabelais sont entrés, je ne sais comment, ni à quelle époque, dans la collection du roi? M. Richard, qui a rendu d'incontestables services à la Bibliothèque en dirigeant l'immense classement du *non porté*, a découvert deux volumes avec l'*ex-libris* autographe du curé de Meudon ; le savant helléniste, M. Miller, a découvert deux manuscrits grecs offrant aussi la signature de l'immortel curé de Meudon. Ces découvertes-là sont de bon augure pour celle de mes deux almanachs que je vous redemanderai sans cesse, comme Auguste criant : «Varus, rends-moi mes légions ! »

Mais vous avez bien d'autres almanachs à retrouver, sans vous arrêter à l'*Almanach des honnêtes gens*, ni à l'*Almanach des honnêtes femmes*, qui devaient se perdre nécessairement au temps où nous vivons. Je vous recommande surtout les divers almanachs des marchands, notamment l'*Almanach des corps de marchands*, qui commença en 1753, et qu'on attribue à La Chesnaye des Bois : ce dernier almanach contient, pour l'année 1768, une dissertation que j'aurais été bien heureux de lire, avant de publier mon *Histoire des corporations ouvrières*; mais la Bibliothèque, cette fois comme en mille, a trahi mes espérances. Au reste, il n'est pas étonnant que les almanachs d'adresses aient disparu, dans le dernier siècle aussi bien que de nos jours, à la Bibliothèque. C'est peut-être vous, Monsieur l'Administrateur, qui avez pris la sage mesure d'en refuser la communication au bon public de votre Salle de lecture; car, lorsqu'on prêtait encore de ces sortes de livres vers l'année 1833, il fallait racheter tous les ans trois ou quatre exemplaires de l'*Almanach du Commerce* et de l'*Almanach royal*. Singulier vol que celui-là, et plus difficile qu'aucun autre, vu la grosseur du volume!

L'immense bibliographie des almanachs est encore à faire; car l'utile travail de M. Quérard, dans la troisième livraison de son remarquable *Dictionnaire des ouvrages anonymes* et *polyonymes* ne sert qu'à mieux faire comprendre l'importance de cette catégorie bibliographique. Vous aurez égard à nos regrets, en préparant votre Catalogue dont les almanachs occuperont bien un volume (*Dîs ignotis*). On assure que cette prodigieuse multiplication de l'espèce-almanachs avait fait craindre que la Bibliothèque du Roi ne fût plus assez vaste pour les contenir tous; de là, ces mille et un projets de reconstruction, de transportation et de déménagement de ladite Bibliothèque. Aujourd'hui, enfin, Dieu soit loué, après tant de doutes, de luttes et d'intrigues, il est décidé que la Bibliothèque restera où elle est, et recevra sur son terrain tous les développements qu'elle attend et qu'elle peut comporter. Grâces en soient rendues à la raison, à l'intelligence, à la droiture et à l'éloquence de l'honorable M. Vitet! c'est lui qui a obtenu de la Chambre des représentants cette grande et solennelle sanction de l'établissement définitif de la Bibliothque Nationale! Vous, qui n'êtes pas architecte et qui n'aspirez pas à devenir entrepreneur, vous auriez laissé, sans mot dire, abattre les bâtiments de la Bibliothèque, et transporter ses trésors ailleurs, *super flumina Babylonis*, à l'aide des paniers de l'invention de feu M. Letronne! Peu vous importait, en effet, pourvu que vous fussiez toujours et partout Administrateur général. Aussi, êtes-vous demeuré neutre dans le débat qui est clos désormais et qui ne se rouvrira pas, j'espère. Ouf! la Bibliothèque l'a échappé belle. Montez au Capitole, Monsieur l'Administrateur général, et dans les travaux qui vont avoir lieu pour augmenter le logement des livres, faites réserver une salle spéciale pour les almanachs; en récompense, je vous dédierai bientôt l'*Almanach de la Bibliothèque Nationale*, avec des prédictions plus sûres que celles de Mathieu Laensberg.

Agréez, etc.

PAUL LACROIX
(BIBLIOPHILE JACOB).

12 octobre 1849.

P. S. Je vois avec peine que l'administration de la Bibliothèque Nationale, qui veut bien m'adresser des renseignements, en m'accusant réception des livres que je lui envoie pour être réintégrés, ne se pique pas de reconnaissance à mon égard : Je ne lui ai demandé pourtant qu'un seul exemplaire du premier volume inachevé et inédit du Catalogue de votre *Jurisprudence?* Ce volume ne m'a pas été accordé, en vertu d'une délibération solennelle du Conservatoire. Je n'en continuerai pas moins à vous offrir, avec le plus pur désintéressement, une longue et brillante *théorie* de livres à estampilles : il y en aurait un chaque jour à votre porte, si je n'avais pas autre chose à faire que de m'exercer dans le genre épistolaire et de prouver, à mes frais, que 50,000 VOLUMES ONT DISPARU, A DIFFÉRENTES ÉPOQUES, DE LA BIBLIOTHÈQUE NATIONALE.

La suite à l'ordinaire prochain.

POSTILLES.

Notre appel aux bibliophiles et aux libraires a été entendu : chacun s'est cru intéressé à protester contre la jurisprudence de M. l'Administrateur général, qui soutient l'imprescriptibilité du droit de la Bibliothèque Nationale ; chacun s'est empressé de nous fournir des armes pour continuer notre polémique, en nous envoyant des livres à estampilles qui ont appartenu à la Bibliothèque et qui en sont sortis par différentes portes. Outre ces livres, que nous ferons parvenir en temps et lieu à M. l'Administrateur général, nous avons reçu la lettre suivante, que nous nous sommes hâté de lui transmettre, après en avoir gardé copie.

A M. PAUL LACROIX.

le 12 octobre 1849.

Monsieur,

Au moment où il n'est question dans le public que des pertes énormes, des spoliations inconcevables, éprouvées par le département des livres imprimés, comme par celui des manuscrits, à la Bibliothèque Nationale, permettez-moi d'avoir recours à vos lumières et à votre obligeance pour vous prier de vouloir bien prendre un renseignement dont j'ai besoin.

Dans une Lettre adressée à M. Libri et publiée récemment, M. Naudet, Administrateur général de cette Bibliothèque, après avoir blâmé la facilité avec laquelle, à son avis, certains amateurs achètent des livres ou d'autres objets provenant de la Bibliothèque Nationale, s'exprime ainsi (p. 30-31) :

« Mais des échanges et même des ventes ont aliéné des « livres du domaine public.

« Ecoutez M. P. Lacroix qui vous apprend que ces livres « *étaient marqués d'une seconde estampille portant le mot* DOU- « BLE. De plus, les catalogues, les registres de ces ventes « anciennes subsistent ; les actes d'échange subsistent. « Qu'on veuille bien prendre chez nous des informations « avant d'acheter : la prétention à la bonne foi vaut la peine « qu'on s'en informe. »

Ces quelques mots de M. Naudet semblent destinés à imposer aux bibliophiles de nouvelles obligations.

J'ai le goût des livres et j'en achète assez fréquemment. Il m'est arrivé plusieurs fois, comme il est arrivé à tous les amateurs, de voir mettre en vente des volumes portant l'estampille de la Bibliothèque Royale ou Nationale. Jusqu'à présent, je n'avais pas fait grande attention à cette circonstance; mais aujourd'hui, me trouvant dans un cas semblable, je crois devoir m'efforcer de donner satisfaction à M. l'Administrateur général, ne fût-ce qu'à titre d'essai. Cependant comme M. Naudet n'épargne pas trop les amateurs dans sa brochure, et, comme il a prouvé, à propos de la fameuse signature de Molière, qu'il ne reculait pas devant l'idée de faire rentrer, dans la Bibliothèque Nationale, des objets que cette Bibliothèque avait publiquement vendus, il trouvera tout simple, j'espère, qu'en le consultant, un amateur prenne ses précautions. — Voici le fait :

On m'offre dans ce moment-ci un magnifique exemplaire d'une édition gothique, en trois volumes in-folio, du *Lancelot du Lac*. Cet exemplaire est d'ancienne reliure *aux armes*, et avait fait partie d'une célèbre collection, avant d'entrer à l'ancienne Bibliothèque Royale dont il porte l'estampille. Je voudrais savoir si ce rare et bel ouvrage est sorti légitimement de la Bibliothèque Nationale. Le livre est imprimé à Paris; permettez cependant que, par *précaution*, je ne vous dise pas, aujourd'hui, la date de l'édition qui est décrite dans le *Manuel du libraire*. Comme il n'y a qu'un très-petit nombre d'éditions gothiques du *Lancelot*, et qu'il n'est aucunement probable qu'on ait aliéné, à l'ancienne Bibliothèque Royale, plusieurs de ces éditions portant toutes la même reliure, aux mêmes armes, et provenant de la même collection, il doit être très-aisé à M. le Directeur général de nous dire quelle est l'édition gothique du *Lancelot du Lac*, qui, après avoir appartenu à une collection célèbre, a pu être régulièrement vendue par la Bibliothèque Nationale. Si M. Naudet, à l'aide des registres qu'il possède, découvre que l'édition qu'on m'offre en vente, et que je lui laisse le soin de deviner, est sortie irrégulièrement de la Bibliothèque, je m'engage à acheter cet ouvrage, et à en faire présent, par votre entremise, à la Bibliothèque Nationale. Si, d'autre part, M. Naudet peut prouver que ce livre a été vendu ou échangé régulièrement, je vous engage, monsieur, à faire savoir au public qu'en cette partie, du moins, les registres de la Bibliothèque Nationale sont tenus régulièrement. Vous pouvez prendre pour moi l'engagement *formel* de cette restitution éventuelle. Seulement, vous ne trouverez pas mauvais, j'espère, que, pour le moment, du moins, je ne livre pas mon nom à M. Naudet. Je veux bien faire un *essai;* je veux même offrir une sorte de prime d'encouragement à l'exactitude de l'Administration de la Bibliothèque Nationale ; mais je ne veux pas m'exposer à des tracasseries, et, au besoin, à des poursuites judiciaires. Si M. Naudet recouvre, par le moyen que je viens d'indiquer, ce *Lancelot*, qui est un livre d'un très-grand prix, je puis lui annoncer que d'autres livres, non moins importants, seront probablement réintégrés de la même manière, à la Bibliothèque Nationale; il y a là, ce me semble, de quoi stimuler son zèle d'Administrateur.

Vous savez, monsieur, qu'à moins de vouloir interdire absolument le commmerce des vieux livres, on ne saurait laisser longtemps en suspens des propositions de ce genre. Pour les beaux livres, surtout, il faut se décider à l'instant, sous peine de se les voir enlever par d'autres bibliophiles. M. Naudet sait cela tout aussi bien que personne. Evidemment, il se trouve en mesure de répondre, sans retard, aux questions des libraires et des amateurs qu'il invite péremptoirement à aller *prendre des informations à la Bibliothèque, avant d'acheter*. C'est avec beaucoup de peine que j'ai obtenu un sursis, de la personne qui m'a proposé de me vendre ce *Lancelot*. En donnant à M. Naudet trois jours entiers pour répondre à la question que je vous prie de lui adresser de ma part, je mets à une très-grande épreuve la patience du vendeur. Je pense que vous pourrez avoir la bonté de transmettre, demain, 13 octobre, ma demande à M. Naudet. S'il n'a pas répondu le 16 octobre, à midi, à la question que je vous prie de lui adresser pour moi, je me croirai autorisé à penser que, malgré la déclaration de M. Naudet, on ne sait pas, à la Bibliothèque Nationale, ce qui est sorti régulièrement de cet établissement.

Si, comme il l'annonce, M. Naudet a réellement l'intention d'établir à la Bibliothèque Nationale un bureau consultatif de ce genre, il fera bien de tenir ses registres en ordre, car non-seulement les libraires et les amateurs, qui prendraient sa proposition au sérieux, ne lui accorderaient pas trois jours comme je le fais, mais le plus souvent ils ne lui accorderaient pas même trois quarts d'heure pour répondre. La besogne de ce bureau pourrait devenir fort rude, si les possesseurs actuels s'avisaient tout à coup de vouloir prendre des renseignements sur ces *vingt mille volumes*, qui, d'après l'assertion motivée d'un savant conservateur de la Bibliothèque Nationale (M. Paulin Paris), ont été *volés depuis un siècle*, à cette Bibliothèque, et qui se trouvent répandus dans la circulation commerciale ou dans les cabinets des amateurs.

Agréez, monsieur, l'assurance de ma considération la plus distinguée.

XXX

La réponse à cette lettre ne s'est pas fait attendre : on aurait pu prendre le temps de la faire plus explicite. La voici :

BIBLIOTHÈQUE NATIONALE.

Paris, le 15 octobre 1849.

Le Secrétaire de l'Administration à M. Paul Lacroix.

Monsieur,

Je suis chargé par M. l'Administrateur général de vous faire savoir que votre lettre datée du 13, et qui n'a été déposée chez le concierge que le dimanche 14, avec la note anonyme qui y était jointe, a été remise à MM. les conservateurs du département des imprimés.

Ils ont constaté qu'un exemplaire du *Lancelot du Lac*, appartenant alors à la Bibliothèque Nationale, a été l'objet d'un échange en l'an 1815.

Si votre anonyme veut s'assurer de l'identité de son exemplaire, il n'a qu'à le présenter à MM. les conservateurs, qui sont prêts à lui donner tous les renseignements qu'il pourra désirer.

J'ai, Monsieur, l'honneur de vous saluer.

AM. BOUVIER.

Cette lettre, signée Am. Bouvier, nous a appris que l'administration ou plutôt M. l'Administrateur général avait un secrétaire. C'est sans doute pour répondre à nos Cent et une Lettres.

Nous avons donc remis la lettre de ce secrétaire à *notre* anonyme, qui ne pouvait la laisser sans réplique. Voici celle qu'il nous a prié de publier, pour obliger M. l'Administrateur général à la lire et peut-être à y répondre.

A M. P. LACROIX.

le 16 octobre 1849.

Monsieur,

Je reçois la *réponse* de M. Bouvier, secrétaire de l'Administration de la Bibliothèque Nationale, à la *note* que vous lui avez transmise de ma part. Cette *réponse* ne répond absolument à rien, comme il est facile de s'en convaincre.

Vous avez demandé, de ma part, à M. Naudet, de vous dire *quelle était l'édition, exécutée à Paris, et gothique, du Lancelot du Lac*, qui aurait pu sortir régulièrement de la Bibliothèque Royale, prenant l'engagement *sérieux* (vous l'avez pris pour moi) d'acheter et de restituer gratuitement à cette Bibliothèque l'exemplaire dont on m'a proposé l'acquisition, pourvu qu'en disant *quelle* ou *quelles* éditions auraient pu quitter régulièrement la Bibliothèque Royale, M. Naudet prouvât que l'exemplaire en question était sorti déloyalement de cet établissement.

Que répond-on à cela ?

Que les conservateurs *ont constaté qu'un exemplaire du Lancelot du Lac, appartenant alors à la Bibliothèque Nationale, avait été l'objet d'un échange en* 1815 !

On demande à M. Naudet de dire *quelle édition* de *Lancelot du Lac* est sortie, d'après *les registres*, de la Bibliothèque Nationale, et il répond qu'un *exemplaire du Lancelot du Lac* (comme s'il n'y avait qu'une seule édition de ce livre célèbre) *a été l'objet d'un échange en* 1815.

Je dois penser que si M. Naudet n'a pas fait une réponse plus satisfaisante, c'est qu'il ne le pouvait pas, et que les fameux registres ne donnent pas, sur les éditions des livres *échan-*

gés, les renseignements nécessaires pour établir l'identité des volumes. Quoi qu'il en soit, voici la description du livre dont on m'a proposé de faire l'acquisition :

L'édition du *Lancelot du Lac*, dont il s'agit, est celle de Paris, 1533 ; trois volumes in-folio gothique, à deux colonnes. Ce superbe exemplaire est aux armes de Mme de Pompadour.

C'est un de ces exemplaires signalés par M. Brunet, avec son exactitude habituelle (*Manuel du libraire*, t. III, p. 36), et qui portent, à la fin du troisième volume, le nom de *Philippe le Noir*.

Sur le titre du *premier volume* se trouve l'estampille si connue *Bibliothecæ Regiæ* en rouge, accompagnée d'une autre estampille également en rouge, mais qui paraît plus moderne, et portant ces mots *double vendu*, avec des *fleurs de lis*, ce qui annonce que probablement ce cachet n'a pas dû être apposé pendant les *Cent-jours*. Comme, dans sa lettre, M. Bouvier ne dit pas à quelle époque de l'année l'*échange* dont il parle a eu lieu, on ne peut tirer aucune induction de la réponse de M. l'Administrateur général. — Continuons la description.

Les deux autres volumes (le second et le troisième) ne portent *ni* le cachet de la Bibliothèque Royale, *ni* aucun autre cachet annonçant une vente ou un échange. Comment expliquer l'absence de ces cachets indispensables ? Comment un livre de cette importance ne portait-il que sur le premier volume l'estampille de la Bibliothèque royale ? Comment, si l'exemplaire a été *vendu*, n'a-t-on pas frappé, sur le titre de chaque volume, ce cachet, *double vendu*, qui se voit sur le titre du premier volume ! Si cet ouvrage est sorti régulièrement de la Bibliothèque Royale, il peut donc se trouver, honnêtement, dans le commerce, des volumes dépourvus de toute estampille, et qui pourtant proviendraient de cette Bibliothèque. Comment alors en reconnaître l'origine ?

Mais voici bien une autre chose. Il existe, dans le commerce, des livres provenant de la Bibliothèque Royale, et qui, outre l'estampille de cette Bibliothèque, portent, les uns, un cachet, avec cette légende, *double à échanger*, les autres, *double vendu*. Or, d'après la lettre officielle de M. Bouvier, l'*exemplaire du Lancelot du Lac*, qui appartenait à la Bibliothèque Royale, a été l'objet d'un *échange*, et l'exemplaire provenant du cabinet de Mme de Pompadour porte *double vendu*. *Vendre* et *échanger* sont deux choses très-différentes, et M. Naudet a bien soin de le faire remarquer dans sa *Lettre à M. Libri* (pag. 25) ; car il admet l'*échange* fait avec M. de Monmerqué, et il repousse avec indignation la *vente* certifiée par M. Fossé d'Arcosse. S'il y a *identité* entre les deux exemplaires *vendu* et *échangé*, que penser d'une administration qui, après avoir *vendu* , aurait, sur ses registres, *échangé*, afin de pouvoir, en temps et lieu, déclarer, par l'organe de M. Naudet (comme il l'a fait dans le fameux procès relatif à la signature de Molière), qu'elle *ne vend pas* et qu'elle est en droit de réclamer tout ce qu'on aurait eu la bonhomie d'acheter d'elle ! S'il n'y a pas d'identité, comment se trouve-t-il, dans le commerce, des livres estampillés *double vendu*, que la Bibliothèque Nationale aurait ou vendus, ou échangés ?

Dans toute cette affaire, on ne voit que confusion, irrégularité et inexactitude. Une chose qu'il faudrait pourtant vérifier, c'est si la Bibliothèque Royale, qui *vendait* ou *échangeait*, en 1815, un magnifique *exemplaire* (aux armes de Mme de Pompadour) *du Lancelot du Lac*, a eu soin de garder un *double*, et si, même dans ce cas, elle n'a pas vendu ou échangé le plus beau des deux exemplaires qu'elle possédait !

M. Naudet n'ayant nullement répondu aux questions que vous avez bien voulu lui adresser de ma part, monsieur, je ne m'occuperai plus de ce livre, que je me garderai bien d'aller présenter à la Bibliothèque Nationale, où il est très-probable que M. l'Administrateur général voudrait le retenir, grâce à l'*imbroglio* que je viens de signaler. Je le laisse donc entre les mains de son possesseur actuel. M. Naudet regrettera probablement de n'avoir pas pu répondre à mes questions, lorsqu'il saura qu'on a demandé 500 fr. de ce livre, lorsqu'il lui était si facile de le faire rentrer dans la Bibliothèque sans bourse délier. Il aurait eu alors le plaisir de connaître une personne dont la proposition, couverte par votre nom, ne se présentait nullement sous le voile de l'anonyme.

Agréez, Monsieur, l'assurance de mes sentiments les plus distingués. XXX.

Sans entrer dans toutes les questions que soulève cette lettre, au point de vue administratif et bibliotechnique, j'ai voulu voir par mes yeux l'exemplaire du *Lancelot du Lac* que la Bibliothèque Nationale a conservé, de préférence à l'exemplaire de Mme de Pompadour, échangé ou vendu comme double en 1815.

Le savant M. Magnin, qui fait si volontiers, avec tant de bonne grâce et avec tant de savoir bibliographique, les honneurs de la *Réserve*, confiée spécialement à sa garde, M. Magnin m'a appris que l'exemplaire, échangé en 1815, était aux armes de Condé, selon une note originale de Van Praet. On ne supposera pas que Van Praet ait pu se méprendre sur la généalogie d'un livre ni sur les armoiries de sa reliure : les armes de Mme de Pompadour sont trop connues des bibliophiles, pour qu'on les confonde jamais avec celles de la maison de Condé. Je pense donc que l'exemplaire échangé en 1815 était, en effet, celui qui se trouvait dans la bibliothèque de Conti, réunie en 1792 à la Bibliothèque Nationale. Il serait possible alors que l'exemplaire de Mme de Pompadour ait été vendu, et non échangé, à une autre époque.

Quoi qu'il en soit, nous regretterons son ancienne reliure en maroquin rouge ; car la Bibliothèque Nationale a gardé deux exemplaires de la même édition, tous deux avec le nom de *Jehan Petit* au lieu du nom de *Philippe le Noir*, tous deux très-beaux et très-purs, mais revêtus de cette affreuse reliure de Bozérian, en faux maroquin rouge à large dentelle, que les amateurs du Directoire avaient le mauvais goût d'estimer cent fois plus que les chefs-d'œuvre de Deseuil, de Derome et de Padeloup. Ces deux exemplaires ne sont donc pas identiques à celui de Mme de Pompadour, puisque le nom de *Philippe le Noir* ne se trouve pas, comme dans ce dernier, à la fin du troisième volume, avant la marque du véritable éditeur Jehan Petit, qui avait cédé sans doute une partie de l'édition à son confrère. Cette particularité de la souscription du troisième volume existe seulement dans un exemplaire, fort délabré et même incomplet, qui porte le numéro 114, Y_2, du Catalogue imprimé, et qui n'est pas conforme à la description de ce Catalogue. Jugez-en : « *Lancelot du Lac*. Paris, Ph. le Noir, lett. goth., in-fol., trois tomes en un vol. » Il me semble que le rédacteur a voulu désigner ainsi l'édition sans date, qui a précédé celle de 1533, et que M. Brunet a décrite si scrupuleusement dans son admirable *Manuel du libraire*. Au reste, la présence de deux noms d'éditeur sur un exemplaire d'une édition unique a souvent induit en erreur les bibliographes, et le libraire, chargé de la vente des livres de Mme de Pompadour, n'a cité que le nom de Jehan Petit dans son catalogue, en annonçant l'exemplaire qui fut vendu 50 francs alors, et qui vaut maintenant dix fois davantage.

Je crois pouvoir constater ici ce que M. Magnin a bien voulu constater lui-même : c'est que les deux superbes exemplaires du *Lancelot du Lac*, qu'il a tirés de la Réserve pour me les montrer, ne portent aucune espèce d'estampille, de lettre et de numéro. Ce fait prouve suffisamment nos assertions au sujet de tant de livres sortis naguère de la Bibliothèque, sans avoir été estampillés ni numérotés. Qu'il soit bien établi, une fois pour toutes, qu'en 1815 cette formalité conservatrice n'avait pas encore été appliquée au tiers des volumes accumulés dans cet immense dépôt.

Je dois aussi ajouter, pour rendre hommage à la vérité, que le système déplorable des ventes de doubles et des échanges a été presque abandonné en principe par le Conservatoire actuel. Ce qui était laissé entièrement à la disposition arbitraire du conservateur, serait aujourd'hui l'objet d'une sorte de négociation ministérielle. M. l'Administrateur général a eu tort de déclarer hautement que la Bibliothèque Nationale n'avait jamais vendu ni échangé des livres, manuscrits et autographes précieux; il devait se contenter de dire qu'elle n'en vendrait ni n'en échangerait plus à l'avenir. Je ne renouvellerai pas le débat relatif aux autographes que l'on vendait de la main à la main, au nom de la Bibliothèque du Roi, lors du dépouillement des parchemins de l'ancienne Chambre des comptes; mais je me souviens avoir été témoin de ces ventes amiables, faites sous les yeux des conservateurs, par les employés. M. Naudet ne s'en souvient pas, par la raison toute simple qu'il n'était point encore à la Bibliothèque. Et voilà pourtant comme on intente et comme on gagne un procès en autographe de Molière !

Ma recherche du *Lancelot du Lac* a été pour moi l'occasion d'apprendre une bonne nouvelle : la Bibliothèque Nationale a retrouvé, dans sa Réserve, ses *Ordonnances générales d'amour envoyées au seigneur baron de Myrlingues*, et avec elles, *Mitistoire baragouine de Franfreluche et Gaudichon*, ainsi que la *Navigation du Compagnon à la bouteille*. J'ai vu avec joie, j'ai touché avec respect le préciosissime volume que j'avais tant de fois appelé en vain, et que je tremblais d'avoir reconnu dans les ventes à l'encan, métamorphosé en trois bijoux de bibliothèque : il n'en est rien ; ce volume, modeste dépositaire d'une trinité facétieuse bien digne de former un tout indivisible, est encore couvert de son vélin primitif, tel qu'il était dans la collection célèbre d'Imbert de Cangé, achetée par le roi en 1734. Les rois avaient cela de bon, qu'ils achetaient des livres et qu'ils se vantaient de les aimer. J'ai revu, en même temps, la seconde et non la première édition du *Cymbalum mundi*, avec la supplique autographe du libraire au chancelier. Charles Nodier se rappelait avoir vu aussi ce volume inestimable, mais il voulait que ce fût la première et non la seconde édition : de plus, il reprochait à la Bibliothèque de l'avoir égaré. La Bibliothèque a répondu comme elle devrait toujours répondre, en retrouvant le volume. C'est là une véritable découverte, dont elle est redevable à un de ses conservateurs, M. Charles Lenormand.

Enfin, en nous empressant de publier à son de trompe le triomphe de M. l'Administrateur général sur le fait des *Ordonnances générales d'amour* d'Etienne Pasquier (nous allions dire M. le baron Pasquier), nous ne pouvons nous empêcher de signaler un nouveau ou ancien sinistre dans la classe des Facéties de la Bibliothèque du Roi : la première édition du *cinquième livre de Pantagruel*, portant la date de 1564, a disparu ! *Pleure, Jérusalem, pleure, cité perfide !* Cette première édition in-16, qui renfermait peut-être le texte authentique de maître François, cette première édition qui pouvait servir à de si curieux travaux d'éditeur, hélas ! elle a fui comme une ombre. Elle était pourtant reliée avec un autre exemplaire de la *Navigation du Compagnon à la bouteille*, sous le n° 820, Y_2. Eh bien ! la *Navigation* est encore là, avec son n° 820, Y_2, mais le *cinquième livre et dernier livre des faicts et dicts héroïques du bon Pantagruel*, n'y est plus. Il y a de la magie, et l'on peut s'écrier à la Bibliothèque Nationale : « Toujours de plus fort en plus fort, comme chez Nicolet. » Oh ! qui me rendra la première édition du *cinquième livre du Pantagruel*, fallût-il nommer dix experts taxés à 10 fr. par jour et envoyer sur les pontons tout le public de la Bibliothèque, tous les conservateurs, M. l'Administrateur général en personne, et moi-même avec lui !

XXVII.

Monsieur l'Administrateur général,

Voici un de ces livres qui servent à former l'esprit et le cœur de vos chers habitués de la Salle de lecture : il revient fort à propos pour satisfaire à l'empressement du public que j'attaque et que vous défendez *pro aris et focis*.

Les Crimes des Reines de France, depuis le commencement de la monarchie jusqu'à Marie-Antoinette, publiés par L. Prudhomme (et rédigés par Mlle de Keralio). *Paris, au bureau des Révolutions de Paris*, 1791, in-8, fig., relié en basane marbrée; timbre de la Bibliothèque Nationale, double de L. 1900.
V. G. 1.

C'est là un volume essentiellement révolutionnaire : texte, impression, gravures, reliure, tout sent son 91, et l'on comprend que les êtres qui écrivaient, fabriquaient, achetaient ou lisaient de pareils ouvrages ne furent ni surpris, ni indignés, quand on osa proposer en pleine Convention de décréter l'enlèvement de tous les insignes royaux, extérieurs et intérieurs, qui compromettaient les livres de la Bibliothèque Nationale. Savez-vous, Monsieur, que cette incroyable mesure eût été votée sans résistance, sans examen, et aussitôt exécutée, sans plus de façon que la violation des sépultures royales à Saint-Denis, si trois bibliophiles n'eussent seuls protesté contre cet acte de barbarie stupide? Avouez pourtant qu'il y a du bon chez les bibliophiles? A. A. Renouard, Chardin et A. Charlemagne, deux libraires et un poëte, signèrent la protestation qui sauva tant de beaux livres aux armes du roi, que vous avez l'honneur d'avoir aujourd'hui sous votre sainte et digne garde.

Eh bien! Monsieur l'Administrateur général, il faut être généreux à votre tour; il ne faut pas traiter comme ils le méritent les écrits de Prudhomme et de ses scribes sans-culottes, entre lesquels j'ai le regret de comprendre Mlle Kéralio, de de l'Académie d'Arras, avant 89, et liquoriste à Bruxelles, depuis 1815. Ne condamnez pas au feu ces exécrables pamphlets, généralisés sous le nom de *Crimes*, mais assimilez-les aux romans qu'on ne prête pas dans votre Salle de lecture : ils sont plus dangereux que les plus mauvais romans du monde, ils sont aussi plus faux et plus méprisables. J'ai, de plus, l'honnête espoir qu'ils deviendront rares un jour, à force d'être méprisés et oubliés ; car, il faut bien l'avouer, un livre n'est rare qu'après une longue période d'abandon et de dédain. Voyez les romans de chevalerie, voyez les mystères : au seizième siècle, ils étaient dans toutes les mains ; le dix-septième siècle les avait mis au rebut, et c'est à peine si le dix-huitième siècle a pu en sauver quelques-uns du naufrage.

Je suis persuadé que les écrits révolutionnaires, déjà peu communs aujourd'hui pour avoir été négligés pendant quarante ans, ne tarderont pas à être tout à fait rares. Je vous invite donc à faire classer et cataloguer le plus tôt possible tout ce que vous avez de journaux, de livres et d'opuscules sur la révolution de 89, prodigieux chaos sur lequel votre bon collègue M. Ravenel a promis de dire son *fiat lux*. Il est temps ou jamais de compléter cette série historique, tandis que vous le pouvez encore à peu de frais, en ramassant les miettes qui tombent de l'admirable collection du comte de Labédoyère. Il est temps surtout de faire relier des recueils dont les feuilles volantes ont été emportées plus loin que les oracles de la sibylle. Vous possédez, m'a-t-on dit, un *Père Duchesne* avec toutes ses *croix de Malthe* et tous ses *fourneaux ;* vous possédez un *Ami du Peuple*, non rogné, et tout Marat *incomptis capillis ;* vous possédez même le *Bulletin du Tribunal révolutionnaire*, même le *Journal de la Montagne*, même le *Journal des Jacobins ;* mais, je vous le répète à voix basse, avant de donner à relier, faites collationner ceci et cela, pour être sûr que rien n'y manque.

Au reste, toutes les lacunes qui se font remarquer à la Bibliothèque, parmi les livres publiés entre 1789 et 1805, ne doivent pas être imputées à des soustractions ou à des conséquences du prêt. Le dépôt légal fut entièrement abandonné pendant plusieurs années ; les livres n'ayant plus besoin de privilége, on ne remettait plus cinq exemplaires de chacun, savoir : deux dans la Bibliothèque du Roi, un dans celle du Louvre, un dans celle du chancelier, et un dans celle du garde des sceaux : la Bibliothèque n'avait pas même un pauvre exemplaire à réclamer pour continuer la tradition. Quand la Convention eut rétabli un nouveau dépôt légal, afin de protéger les auteurs et les libraires contre la contrefaçon, ceux-ci ne se conformèrent pas souvent aux prescriptions conservatrices de la loi, du moins jusqu'en 1805. On peut donc, Monsieur l'Administrateur général, estimer à 10 ou 12,000 les volumes ou les brochures qui n'ont pas été déposés, ou qui ont été mal déposés, à la Bibliothèque, pendant cet intervalle de seize ans. Votre collection révolutionnaire n'est pas le produit du dépôt légal qui n'existait pas ou qui ne fonctionnait plus ; ce sont des confiscations; ce sont des legs, ce sont des hasards, en un mot, auxquels vous devez cette collection que je voudrais voir rangée et cataloguée, pour apprécier ce qu'elle vaut. Ah ! Monsieur, vous aviez pourtant naguère quelque idée de la bibliographie de notre Révolution française, puisque vous ne pensiez pas qu'un conservateur spécial (M. Ravenel) fût de trop pour s'en occuper exclusivement? Cela est bel et bon, sans doute, mais un catalogue serait meilleur. *Demandez plutôt à Lazarille.*

Reprenez toujours vos *Crimes des Reines de France*, et tenez-vous pour assuré que ce n'est pas le seul exemplaire de ce vilain livre qui a franchi le seuil de la Bibliothèque. Quant aux *Crimes des Rois de France*, nous sommes bien heureux s'il vous en reste l'ombre ou plutôt le cadavre d'un exemplaire. Que si l'on vous demande les *Crimes des Papes*, ou les *Crimes des Empereurs d'Allemagne*, ou les *Crimes des Parlements*, ou même les *Crimes des Empereurs turcs*, répondez aux emprunteurs que la Bibliothèque Nationale n'est point le cabinet de lecture du citoyen Lavicomterie ou du libraire Prudhomme, et gardez-vous de confondre ce dernier avec le fameux maître d'écriture, élève de Brard et Saint-Omer, expert assermenté près les Cours et tribunaux.

Agréez, etc.,

PAUL LACROIX
(BIBLIOPHILE JACOB).

1er novembre 1849.

XXVIII.

Monsieur l'Administrateur général,

En vérité, si le pauvre M. de Soleinne était encore là pour diriger et compléter son admirable bibliothèque dramatique, aujourd'hui dispersée et anéantie, je ne résisterais pas au plaisir de lui donner, malgré l'imprescriptibilité du droit de la Bibliothèque Nationale, le joli volume que je vous offre, en gémissant sur l'instabilité des choses humaines, et surtout des bibliothèques.

Dictionnaire portatif des Théâtres, contenant l'origine des différents théâtres de Paris, le nom de toutes les pièces qui y ont été représentées depuis leur établissement, le nom et les particularités intéressantes de la vie des auteurs, musiciens et acteurs (par Leris). *Paris, C.-A. Jombert,* 1754, in-8, relié en maroquin rouge, aux LL couronnées et aux armes du roi; timbre de la Bibliothèque Royale, Y. 5496.

/ C.

Vous pourriez répondre certainement que ce volume ne vous manque pas, parce qu'il a été remplacé, et qu'il existait en triple ou quadruple exemplaire à la Bibliothèque du Roi. Vous pourriez ajouter que cette première édition est moins complète et plus fautive que la seconde, publiée avec le nom de l'auteur en 1763, et dont vous avez évidemment plus d'un exemplaire; car il s'en est trouvé, et de fort beaux, parmi les livres de la reine, de Mme Elisabeth, du comte de Provence, etc. La cour de Louis XVI aimait le théâtre, comme vous savez, et chacun se piquait d'avoir une collection dramatique plus ou moins étendue. Voyez la comtesse de Montesson, achetant la bibliothèque de Pont-de-Vesle, des deniers du duc d'Orléans? Mais, en 1847, il n'y avait plus ni duc d'Orléans, ni comtesse de Montesson, et la bibliothèque de Pont-de-Vesle, que j'avais eu la bonne pensée de continuer jusqu'à nos jours, et que j'espérais voir adoptée par le Théâtre-Français, a disparu dans la tourmente d'un encan. Ah! Monsieur l'Administrateur général, vous qui avez si bien traduit les comédies de Plaute, faites-vous maintenant fi du théâtre?

Sans doute la Bibliothèque Nationale est fort riche en *mystères* (sans parler de ceux que vous connaissez seul), surtout depuis vos acquisitions à la vente de la collection unique, formée par M. de Soleinne, qui voulait vous la léguer tout entière; ce qu'il n'a pas fait, en voyant comment on conservait les livres, et surtout comment on les prêtait chez vous. Enfin, la Bibliothèque, grâce aux sympathies du savant M. Magnin pour l'histoire du théâtre, possède presque tous les ouvrages précieux de littérature théâtrale, depuis son origine jusqu'à la fin du seizième siècle. Mais, à partir de cette époque, la collection présente tant de lacunes dans le classement des pièces par ordre alphabétique, que, pour sauver ce qui vous reste, vous en viendrez bientôt à faire relier le tout, soit chronologiquement, soit par genre, soit par série d'auteurs, soit par groupe de répertoire. Vous aurez bien de la peine à former un ensemble qui vaille celui que le marquis de Paulmy et le duc de La Vallière ont laissé à la Bibliothèque de l'Arsenal, magnifique pandémonium de l'art dramatique, interrompu malheureusement par la Révolution de 89. Je vous entends d'ici répéter, dans vos préoccupations classiques et hypercritiques : « Qu'importe le théâtre français, quand nous avons le théâtre latin? » Certes, je ne dédaigne pas le théâtre latin, qui vous a fait ce que vous êtes, académicien, commandeur de la Légion-d'Honneur, directeur de la Bibliothèque, etc. Mais, tout en appréciant à leur juste valeur le *Miles gloriosus*, le *Pseudolus*, le *Truculentus* et d'autres personnages que vous savez mieux que moi, je fais plus de cas de notre théâtre français, que vous devriez aimer aussi, ne fût-ce qu'à cause des emprunts qu'il a faits à Plaute pendant tout le cours du dix-septième siècle. Eh bien ! Monsieur l'Administrateur général, pour l'amour de Plaute, souffrez que je vous embarrasse !

Lors de la vente de la collection dramatique de M. de Soleinne, vous avez fait enchérir des pièces rarissimes, que la Bibliothèque du Roi n'avait jamais possédées, ou dont vos quasi-catalogues ne vous certifiaient pas l'existence. Il y avait alors (en 1843) à la Bibliothèque du Roi, 280,000 volumes catalogués, et environ 300,000 qui ne l'étaient pas, ces derniers composant l'immense fonds *non porté* que vous fîtes classer et distribuer dans les séries par ordre de matières. M. Magnin, qui dirigeait les acquisitions de la Bibliothèque à la vente Soleinne, fut assez heureux pour obtenir à bas prix une foule de livres que M. de Soleinne s'était procurés au poids de l'or, après vingt ou trente ans de patientes recherches. C'est ainsi que la Bibliothèque a pu faire entrer dans ses armoires la *Tragédie de Pryam*, par le sieur de Berthrand d'Orléans ; l'*Ethiopique*, tragi-comédie d'Octave Cæsar Genetay ; *Lydie*, fable champestre du sieur Du Mas ; l'*Ephésienne*, tragi-comédie, traduite de Buchanan, par Pierre de Brinon ; *la Rochelloise*, tragédie de Pierre Matthieu ; et tant de pièces singulières qui, je l'avoue, ne figuraient pas dans votre Catalogue imprimé des Belles-Lettres. Mais, en même temps, M. Magnin profita de l'occasion de combler quelques vides qui s'étaient faits depuis l'impression de ce Catalogue en 1750 : il acheta *la Rodomontade* et *la Mort de Roger*, tragédies de Charles Bauter, dit Meliglosse, et, deux mois après, j'eus le plaisir de vous restituer un exemplaire de ce recueil, au timbre de la Bibliothèque Royale, que j'avais découvert entre les livres de l'honorable M. de Soleinne. M. Magnin acheta aussi la tragi-comédie de *Tyr et Sidon*, par le sieur de Schelandre, volume fort rare que la Bibliothèque du Roi avait possédé sous le n° 5703, Y ; j'ignore si quelque belle âme vous a rendu depuis votre exemplaire.

Ce n'est pas tout ; M. Magnin avait à cœur de compléter vos éditions originales des comédies de Molière ; mais il n'osa pas, de peur des doubles emplois, se rendre adjudicataire du recueil entier de ces éditions, qui ont passé, moyennant 500 fr., dans l'excellente bibliothèque de l'illustre M. Cousin. M. Magnin regrettera longtemps cette occasion unique et irréparable. Vous n'ignorez pas, Monsieur l'Administrateur général, que la Bibliothèque du Roi a eu (bien avant votre administration, je l'avoue) un exemplaire complet des éditions originales de Molière. Voici la note qu'Antoine-François Joly a publiée dans son édition de 1739, t. I, p. 7 de l'Avertissement : « L'éditeur, pour sa justification sur la différence qu'on pourra trouver, tant dans les vers que dans la prose de Molière, entre cette édition et celles qui l'ont précédée, a remis à la Bibliothèque du Roi *sept volumes* in-12, contenant les 23 comédies qui ont été imprimées du vivant de l'auteur. » Ne voilà-t-il pas un dépôt bien gardé?

Ce n'est pas tout encore : M. Magnin se proposait peut-être d'acheter un bel exemplaire des *Œuvres satiriques* de P. Corneille Blessebois, pour remplacer celui que la Bibliothèque du Roi avait acheté à la vente des livres du duc de La Vallière, en 1783, et qu'un bon apôtre était allé, dans l'intérêt du ciel, happer au fin fond de votre *Enfer*. Par malheur, les héritiers de M. de Soleinne, émus d'un scrupule de conscience fort respectable, mais peu bibliophile, avaient fait brûler impitoyablement tous les érotiques qui s'étaient donné rendez-vous chez M. de Soleinne. P. Corneille Blessebois a été mis en cendres, ni plus ni moins que la Pucelle d'Orléans. C'est pourtant un recueil des plus curieux, des plus rares et des plus malhonnêtes; on ne l'en estime que davantage sur le terrain des bibliomanes. L'exemplaire, que Van Praët avait payé 28 fr. (nº 4221 du Catalogue des livres du duc de La Vallière), vaudrait à présent 4 à 500 francs. Je vous apprendrai, une autre fois, ce que renfermait cet exemplaire. Quant à P. Corneille Blessebois, auteur de *Filon réduit à mettre cinq contre un*, gardez-vous de le confondre avec

Pierre Corneille, l'auteur du *Cid* et d'*Horace*, comme on l'a fait dans certains catalogues imprimés : ce n'est pas votre fait.

Enfin, à propos de théâtre, je regrette que M. Magnin n'ait pas acheté le plus rare de tous les volumes du catalogue Soleinne, volume dont M. le baron Taylor a fait emplette pour 12 francs, et qui assurément ne se trouve pas à la Bibliothèque Nationale : *le Tableau tragique ou le funeste amour de Florivale et d'Orcade*, pastorale, par le sieur de Joyel (*Paris*, *Jean Petit*, 1633, 2 part. en 1 vol in-8°). Cet auteur ne figure dans aucune bibliographie ni dans aucun catalogue, excepté dans celui de Favart, qui possédait son *Théâtre*, imprimé en 1638. Vous l'avez sans doute aussi ; mais, pour vous en assurer, il faut d'abord que les 300,000 volumes du fameux *non porté* soient inscrits au catalogue. Rappelez-vous le sieur Joyel, de Douai, et donnez-nous de ses nouvelles dans quarante ou cinquante ans. Que Dieu vous les accorde! *Amen*.

Agréez, etc.

PAUL LACROIX
(BIBLIOPHILE JACOB).

2 novembre 1849.

XXIX.

Monsieur l'Administrateur général,

Le volume que j'ai l'honneur de vous présenter aujourd'hui a été extrait, comme tant d'autres, du dépôt central des livres provenant des couvents supprimés et châteaux confisqués ; comme tant d'autres, il fut choisi, par M. Van Praët, pour occuper un poste vacant dans la collection du roi, devenue *nationale*. *Vœ victis libris!*

Abrégé des Grands Fiefs de la couronne de France, avec la Chronologie des princes et seigneurs qui les ont possédés (par Brunet). *Paris*, *Desaint et Saillant*, 1759, in-8, relié en veau marbré, fil. ; timbre de la Bibliothèque Impériale, L. 1264.

Je ne jurerais pourtant pas que l'exemplaire en maroquin rouge, aux armes du roi, ne se trouvât plus en place ; il y en avait d'autres, d'ailleurs, dans les collections de livres saisis aux Tuileries, après le 10 août 1792. Le roi, la reine, les princes ne devaient-ils point avoir sous la main l'histoire des grands fiefs de la couronne ? La Bibliothèque Nationale a donc possédé un jour cinq ou six beaux exemplaires de cet ouvrage, convenez-en ; c'est une excellente raison pour qu'elle n'en possède plus un seul aujourd'hui. *Sic transit gloria mundi.* Les livres de la Bibliothèque s'en sont allés avec les grands fiefs de la couronne ! Paix aux morts dans le ciel, sur la terre, et à la Bibliothèque !

Hélas ! Monsieur l'Administrateur général, je ne vous fais pas responsable de l'histoire de la Bibliothèque ; je n'accuse pas même vos devanciers ; mais j'accuse le déplorable système de la lecture publique sans garantie, et du prêt à domicile sans caution ; j'accuse l'esprit de désordre et d'insouciance, qui a si longtemps plané sur les Bibliothèques de Paris et des départements ; j'accuse les idées fausses, l'ignorance, la barbarie de tant de bibliothécaires, que vous vous garderez bien d'imiter. On n'aime guère les livres en France ; on n'aime pas surtout à les acheter. Le gouvernement est, à cet égard, aussi peu prodigue que les professeurs de rhétorique ; il n'aurait pas l'ombre d'une bibliothèque, s'il avait dû former à ses frais celles que la Révolution lui a données toutes faites et qu'il a laissées dépérir entre ses mains. Ne vous étonnez donc pas si ces livres, qui ne coûtaient pas même un grand merci à l'Etat, se sont envolés et dispersés à tous les vents révolutionnaires ? Il y en avait tant alors, par le seul fait de la confiscation des couvents et des châteaux, que les bibliothécaires eux-mêmes n'étaient pas fâchés de voir s'éclaircir les rayons encombrés de leurs bibliothèques. On allégeait ainsi la tâche du catalogue à faire ; car la République (1re édition) avait décrété que toute Bibliothèque publique aurait son catalogue dans le plus bref délai. Voy. l'*Instruction sur la manière d'inventorier et de conserver, dans toute l'étendue de la*

République, tous les objets qui peuvent servir aux arts, aux sciences et à l'enseignement, proposée par la Commission temporaire des arts (président, Thomas Lindet); de l'imprimerie Nationale, an second de la République, in-4°. Les vastes dépôts, dans lesquels on avait entassé des montagnes de volumes qui s'élevaient jusqu'à la voûte, semblaient plus difficiles à vider que les étables d'Augias. Deux ou trois églises, à Paris, étaient littéralement pleines de livres, que l'on pouvait acquérir à vil prix, au poids du papier, fussent-ils les plus précieux et les plus beaux du monde; entrait là qui voulait, et rien n'était trop lourd à emporter; on ne se souciait pas des estampilles, en ce bon temps; on ne daignait pas même les faire disparaître, car on savait bien que tous ces livres provenaient des bibliothèques *supprimées*, et que la nation n'avait pas fait l'emplette d'un seul. C'est à cette époque, Monsieur, que Méon, un de vos devanciers les plus bibliophiles, composa très-économiquement, pour son propre compte, une admirable bibliothèque, qui vaudrait maintenant plus de 200,000 francs; c'est à cette époque, Monsieur, que Van Praët, votre plus glorieux prédécesseur, fit entrer plus de 300,000 volumes choisis à la Bibliothèque Nationale, comme s'il eût prévu que vous viendriez après lui tout exprès pour les classer et pour les cataloguer. Que le fonds *non porté* vous soit léger, Monsieur l'Administrateur général!

Eh bien! Van Praët, ce docte bibliographe, ce bibliothécaire passionné (et je n'ai pas ici l'intention de lui faire un crime d'avoir eu des négligences que vous ne vous pardonneriez pas), Van Praët, lui-même, était si dédaigneux de ces livres communs qu'il remuait à la pelle et qui lui semblaient fondre sur la Bibliothèque comme les sauterelles d'Egypte; Van Praët attachait si peu de prix à ces fatras de papier imprimé et relié, qu'il n'eût pas étendu la main pour reprendre les volumes qu'il avait prêtés, quelquefois sans les inscrire, souvent sans les faire timbrer et numéroter, mais plus habituellement en les notant à sa manière sur le grand-livre des emprunteurs. Ce grand-livre, Monsieur l'Administrateur général, vous l'avez encore sous vos yeux, et vous, qui avez traduit et commenté la fameuse scène carthaginoise du *Pœnulus* de Plaute, vous seriez fort empêché, j'imagine, d'interpréter les abréviations, les ratures, les hiéroglyphes et les pâtés d'encre d'un pareil grimoire, véritable registre mortuaire de 15 ou 20,000 volumes. Quand on disait à Van Praët, en forme d'excuse : « A propos, j'ai des livres de la Bibliothèque, depuis deux ou trois ans? » Il répondait distraitement, en faisant claquer ses lèvres, à l'exorde et à la péroraison de son discours : « C'est bon, c'est bon; des bouquins, des bouquins! nous n'en manquons pas ! » Car lui, qui était de si bonne composition à l'égard des bouquins, il n'entendait pas raillerie sur les livres rares ; il eût donné son sang pour défendre la Réserve, créée, gardée, et quotidiennement accrue par lui seul ; il devenait terrible et indomptable, dès qu'on mettait sur le tapis un de ses livres rares, un Antoine Verard, un Colard Mansion, un Mathieu Husz, etc. ; il ne communiquait les éditions gothiques françaises qu'à un petit nombre de fidèles, et encore il les suivait des yeux, il les entourait de sa vigilance et de sa sollicitude, comme une lionne qui regarde jouer ses petits, ou plutôt comme une poule qui a couvé des œufs de canard, et qui voit les petites canes barboter dans une mare. Il ne confiait à personne les clefs de sa Réserve, et l'on n'avait qu'à lui en demander un volume, pour lui faire oublier aussitôt tous les livres *ordinaires* qu'il prêtait machinalement au premier venu, qu'il n'inscrivait pas, et qu'il laissait partir pour toujours avec une profonde indifférence...

Ce sont sans doute quelques-uns de ces livres-là que je vous prie de faire réintégrer à leur ancienne place. Combien d'autres manqueront éternellement à l'appel! Lorsqu'en 1832 on fit rentrer, de gré ou de force, à la Bibliothèque du Roi, tous les volumes prêtés, Van Praët avait eu sa révolution de juillet : son autocratie venait de faire place à une sorte d'oligarchie républicaine, où il ne conservait plus que son titre de conservateur et les clefs de sa Réserve (on ne les lui eût arrachées qu'avec la vie). Ce fut alors, Monsieur l'Administrateur général, qu'on essaya de recouvrer les volumes qui étaient *dehors* depuis trente ans ; ce fut alors qu'on établit mathématiquement le chiffre des absents : 11,580 volumes qui laissaient incomplets 4,248 ouvrages, devant former 23,316 tomes. Ces 11,580 volumes appartenaient tous au *porté*, c'est-à-dire aux 280,000 volumes catalogués de la Bibliothèque; mais ce qui manquait dans le *non porté*, c'est-à-dire dans le chaos de plus de 300,000 volumes non catalogués, nul ne l'a su, nul n'a pu le savoir, nul ne le saura jamais. Jugez-en, si vous voulez, par un fait analogue qui n'a pas été contredit : « La Bibliothèque de Rouen possédait, en 93, deux cent cinquante mille volumes ; elle n'en avait plus que vingt-six mille en 1826. » Je vous entends d'ici vous écrier, de l'air d'un Titan révolté : « Me prend-on pour un Administrateur général de la Bibliothèque de Rouen ! »

Agréez, etc.,

PAUL LACROIX
(BIBLIOPHILE JACOB).

3 novembre 1849.

XXX.

Monsieur l'Administrateur général,

A bon entendeur salut. Voici un volume qu'on ne vous demande pas sans doute tous les jours, puisque les sourds-muets ne font pas encore la majorité des Français, ni celle des lecteurs de la Bibliothèque.

Cours d'instruction d'un Sourd-muet de naissance, pour servir à l'éducation des sourds-muets, et qui peut être utile à ceux qui entendent et qui parlent, par Roch-Ambroise Sicard. *Paris*, *Leclère*, an VIII, in-8, fig. et tabl., relié en veau racine, fil. ; timbre de la Bibliothèque Nationale, X. 16.
Gc.

Vous serez étonné, comme moi, de voir reparaître, après vingt-cinq ans d'absence, ce volume intact avec toutes ses planches. Vous savez mieux que personne quelle guerre implacable on a faite et l'on fait tous les jours aux gravures des livres de la Bibliothèque? Vous avez remarqué, sans doute, que toutes les planches du volume de l'*Histoire universelle des Théâtres*, que je vous ai remis, avaient été soigneusement enlevées? Vous remarquerez donc que celles de l'ouvrage, que je vous remets aujourd'hui, ont été respectées ou du moins oubliées.

Quand on a relevé le compte des volumes absents et des livres incomplets, en 1832, après avoir fait réintégrer tous ceux dont on n'avait pas perdu la trace, on n'a pas pensé à dresser l'inventaire des livres mutilés et privés de leurs cartes ou de leurs planches. Le travail a paru peut-être trop long et trop minutieux, pour qu'on ait osé l'entreprendre. Dieu sait, en effet, ce qui manque de pages et de figures dans les livres de la Bibliothèque! Passe encore, quand les *picoreurs de l'endroit* se sont contentés d'arracher les feuillets de garde, sur lesquels Passerat, Pithou, Huet, Sorbière, d'Hozier, Sepher, Lamonnoye, Jamet, Fevret de Fontette, Beaucousin, Mercier de Saint-Léger, et tant d'autres savants ont déposé leurs observations critiques, littéraires et bibliographiques. Vous n'ignorez pas, sans doute, que la Bibliothèque Nationale possède dix ou douze mille volumes annotés, provenant de ces savants illustres, et renfermant des notes, des feuillets entiers autographes. N'est-ce pas là une mine toujours verte pour qui la connaît et veut y mettre la main? Ne sont-ce pas là les vols les plus ordinaires, les plus faciles et les plus inévitables? Combien d'exemplaires de don ou de dédicace, auxquels étaient annexées des lettres d'envoi, écrites et signées par l'auteur, par son éditeur ou par ses amis? Combien de livres, dans lesquels ont été laissés par mégarde ou par un motif quelconque certaines lettres, certains feuillets manuscrits, qui peuvent tenter les petits voleurs d'autographes? J'ai vu, pour ma part, plus d'un volume où se trouvait, en guise de signet, ici une lettre du généalogiste d'Hozier, là une lettre de l'historien Guichenon, ailleurs une page entière de la main de Pithou, etc. ; je ne jurerais pas que tout cela s'y trouve encore. Croyez-moi, Monsieur l'Administrateur général, en ce qui concerne votre Bibliothèque, il ne faut jurer de rien.

Mais ce sont les livres à figures, qui ont fourni matière à de déplorables mutilations ; il y a des gens qui aiment les *images*, et qui ne se font pas scrupule de les arracher dans un volume ; il y en a d'autres qui dérobent les titres gravés des livres, les portraits, les cartes géographiques, les gravures de toute espèce, pour en former des collections spéciales ; il y en a d'autres enfin qui, pour compléter un livre incomplet qu'ils possèdent, ont bientôt décomplété l'exemplaire de la Bibliothèque. Je vous rappellerai que les vieux maîtres en bois des quinzième et seizième siècles, et les graveurs en taille-douce du dix-septième siècle, ont éparpillé leurs œuvres dans une foule de volumes de différents genres. Eh bien ! certains iconophiles, assez peu délicats, se sont mis en quête de ces volumes et les ont indignement dépouillés de leurs estampes. Voyez s'il vous reste dans les livres beaucoup de pièces de Pierre Woëriot, d'Etienne de l'Aulne, de Thomas de Leu, etc. Cette guerre perfide, faite sous le manteau à tous les livres à figures, a existé de tout temps, et la librairie voit circuler quantités de ces livres mutilés d'ancienne date par les collectionneurs d'estampes et principalement de portraits. La Bibliothèque Nationale n'a pas été plus épargnée que celles des particuliers. Ainsi, n'ai-je pas rencontré deux exemplaires du *Desseins de professions nobles et publiques*, par Antoine de Laval (Paris, l'Angelier, 1605, in-4°), dans lesquels on ait laissé subsister le joli portrait d'Henri IV, qui fait le principal mérite de ce recueil ; je n'ai jamais vu qu'un seul exemplaire du *Theatrum virorum eruditione clarorum* de Paul Freher, avec les 1300 portraits qui valent mieux que le texte. Un voleur d'estampes ne sait pas toujours lire. « A quoi bon ? » nous demandera-t-il.

Vous me ferez peut-être observer qu'on s'est décidé à marquer d'un timbre particulier les figures des livres de la

Bibliothèque Nationale; mais je vous répondrai que cette sage et prévoyante mesure n'a pu encore être appliquée qu'à un petit nombre de volumes. Quant aux feuillets de garde manuscrits et aux autographes, existant dans les livres, ils n'ont jamais été estampillés d'un signe quelconque ; aussi, m'inscrirai-je en faux contre ce feuillet, couvert de l'écriture de Pithou, et portant le timbre de la Bibliothèque Royale, lequel feuillet aurait été, dit-on, découvert dans les papiers de M. Libri. Jamais, je le répète, on n'a cru devoir protéger par une estampille la garde manuscrite d'un volume. La Bibliothèque peut vous offrir plusieurs milliers de gardes de livres analogues, mais aucune de ces gardes, j'en suis sûr, ne présentera d'estampille, à moins que l'on ne l'y mette. Or, vous conviendrez que, pour mettre une estampille (*experto crede Roberto*), il n'est besoin que d'un sceau, entre vous et moi.

Ce n'est pas le tout d'estampiller les figures et les planches des livres ; il est urgent d'estampiller, en outre, les notes, feuillets et fragments manuscrits, qui se trouvent dans les livres. Mieux vaut tard que jamais, même dans la question des bibliothèques publiques. La vôtre a fait bien des pertes en tous genres, mais elle peut en faire encore de plus graves. Puisque vous persistez, avec cette obstination qui fait votre administration, à tenir la Bibliothèque ouverte à tout venant, livrée à tous les tours de passe-passe, et mise en coupe réglée par les grands et petits abatteurs de bois, je vous adjure de nous dire ou du moins de constater exactement tout ce qui a été pris ou saccagé dans l'intérieur des volumes. Vous avouerez sans effort, à l'appui de mon argument, que votre exemplaire de l'*Encyclopédie méthodique* présente d'innombrables lacunes dans les volumes de texte et dans les atlas. « Il faut bien que tout le monde s'instruise ! » disait un partisan de la liberté illimitée des coureurs de bibliothèque. L'instruction est le pain de l'esprit, c'est la manne céleste qui tombe sur la terre ; la cherche et la ramasse qui veut dans vos grandes solitudes de livres imprimés ; mais le pain du corps, celui que pétrit le boulanger, et qu'il publie en quelque sorte tous les jours, on ne le distribue pas gratis aux indigents, et le Gouvernement n'a pas exigé le dépôt d'une brioche sur chaque fournée. La Bibliothèque n'a-t-elle pas honte de nous dépouiller ainsi, sous prétexte de dépôt légal, de la première gerbe de notre moisson, du premier exemplaire de notre livre ! C'est là un vol manifeste au point de vue du droit commun, et la Bibliothèque devient complice du recel. Que diriez-vous d'un larron philanthrope, qui vous ôterait votre manteau pour le donner aux pauvres? Votre jurisprudence se tait encore sur ce chapitre. Ah ! du moins que la Bibliothèque garde mieux ce qu'elle nous prend dans l'intérêt soi-disant de la postérité.

Défiez-vous donc, Monsieur l'Administrateur général, des gens qui empruntent des livres à gravures. Combien de ces livres dont le texte vous est resté, mais dont les figures, en partie et même en totalité, se sont éparpillées dans les portefeuilles des artistes! Je n'ai point affaire de les aller dépister une à une, et je leur permets de crier vengeance contre la Bibliothèque Nationale, contre ses lecteurs despotes, et contre ses pirates familiers. Faut-il vous citer un livre qui soit sorti, appauvri et déshonoré, des mains du prêt? Il y avait naguère un exemplaire des *Monuments de la Monarchie françoise*, de Montfaucon, exemplaire privé de la moitié de ses planches, et même d'un de ses volumes. Van Praët, en inventant la Réserve, n'a-t-il pas prouvé que rien n'était en sûreté à la Bibliothèque du Roi, du moins de son temps?

Agréez, etc.

PAUL LACROIX
(BIBLIOPHILE JACOB).

4 novembre 1849.

P.-S. On ne peut guère attribuer qu'à de petits voleurs besoigneux, à de pauvres faiseurs de collections spéciales et de recueils factices, à des copistes paresseux et malfaisants, à des maniaques stupides et féroces, l'enlèvement des notes manuscrites, des feuillets isolés, des cahiers entiers, des titres et des estampes, qui disparaissent tous les jours dans la Salle de lecture de la Bibliothèque Nationale. Une soustraction récente de cette espèce vous donnera un curieux spécimen de la plupart de celles que je déplore comme des actes de barbarie. Vous les déplorez aussi, Monsieur, et sur ce point-là, du moins, nous sommes sûrs de nous entendre.

Il y a deux ans, un de vos savants collègues, M. Paulin Pâris, qui met avec tant d'obligeance son érudition et ses découvertes historiques au service de ses amis, communiqua au spirituel auteur de l'*Histoire de Louis XIII*, couronnée par l'Académie française, une pièce de vers, inconnue à tous les biographes de Molière, dans laquelle il est question de ses premiers débuts au théâtre en qualité de comédien. Cette pièce de vers se trouve imprimée dans le *Recueil de diverses poésies*, publié à Paris, chez Toussaint de Bray, en 1646. La Bibliothèque Nationale ne possède pas ce volume, et bien des curieux allèrent l'y chercher en vain. Mais, il y a cinq mois à peine, le vénérable secrétaire perpétuel de l'Académie des Inscriptions et Belles-Lettres nous fit connaître, dans les notes du tome IV de ses charmants *Mémoires touchant la vie et les écrits de Mme de Sévigné*, que la pièce de vers relative à Molière comédien était aussi dans une réimpression du *Recueil de diverses poésies*, qui forme la seconde partie de l'*Eslite des bons vers choisis dans les ouvrages des plus excellents poëtes de ce temps*, publié en 1653, chez Cardin Besongne. M. Walckenaër, avec son exactitude ordinaire, indiqua même la page 15 comme offrant ces vers, que M. Bazin avait cités dans son ingénieuse notice sur les *Commencements de la vie de Molière*. On m'assure, à l'instant, que la page 15 a été enlevée dans votre exemplaire de l'*Eslite des bons vers choisis*. Vous verrez que cette page 15 se découvrira peut-être parmi les papiers et collections de M. Libri, absent depuis dix-neuf mois. Il est certain qu'on trouvera dans ces collections-là tout ce qu'on y aura mis. *Je vous vends mon corbillon. Qu'y met-on?* Répondez pour moi, Monsieur, et si, par impossible, on vous représentait quelques livres, quelques manuscrits, quelques feuillets de manuscrits ou de livres suspects, saisis au domicile de votre honorable collègue M. Libri, rappelez-vous la coupe de Benjamin! C'est Jacob qui vous le dit.

XXXI.

Monsieur l'Administrateur général,

Il n'y a pas de quoi vous déranger: c'est encore un volume d'Anquetil qui revient prendre place au milieu de ses frères dépareillés. Ne vous ai-je pas déjà renvoyé le deuxième volume du même ouvrage et du même exemplaire? Nous n'avons plus que le premier tome à retrouver: en le cherchant, nous découvrirons peut-être quelques autres volumes errants des œuvres de l'auteur. *Aimez-vous* l'Anquetil? *on en a mis partout.*

L'Esprit de la Ligue, ou Histoire politique des Troubles de la France pendant les 16e et 17e siècles (par Anquetil), tome troisième. *Paris, J.-Th. Herissant,* 1767, in-12, relié en maroquin rouge, aux LL couronnées et aux armes du roi; timbre de la Bibliothèque Royale, L. 1576, *porté.*

F. 3.

Ce volume-là ne s'est pas évadé d'hier, et je jurerais qu'il a vu bien du pays depuis trente ans que la Bibliothèque lui a donné la clef des champs. Il y a trente ans, Monsieur, on lisait Anquetil aussi généralement que Paul-Louis Courier. Je ne crois pas cependant que vos prédécesseurs aient échangé des Anquetil comme ils échangeaient des *Lancelot du Lac*. Et pourtant vous en aviez à revendre, des Anquetil! Mais les amateurs ne donnaient pas dans ce goût du public, e tje puis certifier que jamais la Bibliothèque n'a été sollicitée, fût-ce en 1815, de mettre un Anquetil dans la balance de l'échange, balance dont les plateaux étaient rarement soumis à un intelligent et juste équilibre. Il y avait deux poids et deux mesures. Nous direz-vous, par exemple, ce que la Bibliothèque a reçu en compensation du *Lancelot du Lac*, édition de 1533, exemplaire de Mme de Pompadour?

Ainsi, Monsieur l'Administrateur général, il est bien avéré, bien reconnu que la Bibliothèque du Roi a fait des échanges. Vous l'avouez vous-même; nous le savions de reste; mais ce que vous ne dites pas, c'est la manière dont se faisaient ces échanges. « Je n'y étais pas! » répondrez-vous à des questions trop indiscrètes. Le droit d'échange (qui l'ignore, excepté les experts?) a été, jusqu'en 1830, un des priviléges les plus sacro-saints du bibliothécaire; et depuis 1830, jusqu'en 1840 et au delà, ce privilége, abandonné ou aboli dans toutes les Bibliothèques de Paris, s'est perpétué dans celles des départements. Eh! mon Dieu, je ne défendrai pas ce droit-là; je me borne à constater son existence qui n'avait presque jamais soulevé de réclamations. Il avait pu être la cause de quelques abus, mais le scandale ne s'en était pas mêlé encore. Ce fut le scandale qui fit ouvrir les yeux à l'autorité, lorsque certains libraires et certains amateurs eurent, sous prétexte d'échange, dépouillé les Bibliothèques départementales de leurs livres les plus rares et de leurs plus beaux manuscrits. Ainsi, on s'étonna, on s'affligea, on s'indigna qu'un lexicographe distingué (Roquefort), passant dans une ville du Midi, eût obtenu d'un bibliothécaire ignorant l'échange d'un magnifique manuscrit de roman de chevalerie, contre un exemplaire des œuvres de Voltaire. L'affaire s'ébruita : il y eut des plaintes et des réclamations auprès du ministre, mais le manuscrit était déjà en Angleterre. Quant au Voltaire, il est toujours dans la Bibliothèque, où il fait toujours les délices des habitués. Vous allez parier avec moi que cet exemplaire, si chèrement acquis, n'est plus complet, et que la *Pucelle* y manque, ainsi que dans la plupart des exemplaires qui sont à la Bibliothèque Nationale ?

L'échange des livres et des manuscrits dans les Bibliothèques est pourtant chose utile et profitable, mais il a besoin d'être régularisé, surveillé et approuvé. Est-ce que, par exemple, la Bibliothèque de Carpentras n'a pas fait un marché d'or, très-régulier et très-honorable d'ailleurs, en livrant son *Théocrite* NON ROGNÉ (édition aldine de 1495) à M. Libri, contre un exemplaire rogné de la même édition et une valeur de 4 à 500 francs en livres usuels ? Que vous en semble, Monsieur l'Administrateur général ? Croyez-vous que l'échange du *Lancelot du Lac* en 1815 ait été aussi avantageux à la Bibliothèque du Roi, que cet échange du *Théocrite* NON ROGNÉ le fut à la Bibliothèque de Carpentras ? On ne sait pas ce que la Bibliothèque du Roi a obtenu en échange de son *Lancelot du Lac*, de ce superbe exemplaire aux armes de Mme de Pompadour, que vous ferez bien d'inscrire dans la liste de vos *desiderata*, sinon de vos *amissa*. Peut-être a-t-on reçu, au lieu et place de ce précieux ouvrage, un exemplaire IMPRIMÉ SUR VÉLIN (c'était la marotte de Van Praët : eh ! qui n'a pas la sienne ?) de quelqu'un de ces livres ou opuscules monarchiques qui s'imprimaient chez A. Égron, en 1815 et 1816 ?

A Carpentras, au contraire, un exemplaire NON ROGNÉ, mérite fort insignifiant et même assez gênant pour les lecteurs de l'endroit, l'exemplaire d'un poëte grec, qu'un bibliophile seul pouvait apprécier, a été remplacé sur les rayons, non-seulement par un exemplaire plus convenable à une bibliothèque publique qui n'a pas de raretés ni de curiosités en fait de livres, mais encore par une centaine de bons volumes relatifs à l'histoire, aux mathématiques, à la physique, à la chimie, à l'agriculture. Voilà le prototype de l'échange honnête et généreux. M. Libri, qui s'était passé cette coûteuse fantaisie, a donné dix fois plus qu'il n'a reçu, et le *Théocrite* NON ROGNÉ ne valait pas, je vous jure, votre *Lancelot du Lac.*

Mais j'y songe : ce *Lancelot* n'a-t-il pas été échangé, après les Cent-Jours, pendant l'occupation des armées étrangères ? Ce serait là un fait curieux à éclaircir. Il y avait des amateurs, sinon des libraires, parmi les *alliés*, Russes, Anglais, Prussiens, Autrichiens, etc. L'échange, que la Bibliothèque du Roi a fait en 1815, ne peut-il pas être considéré comme un cas de force majeure ? Cette année 1815 est une des plus désastreuses qui aient pesé sur la Bibliothèque. Vous n'étiez pas encore Administrateur général, Monsieur ? Alors, ce fut le quart d'heure de Rabelais de la conquête : l'Europe redemanda et reprit la plupart des livres et des manuscrits que lui avait enlevés la fortune des armes. Pendant que l'on dépouillait le Musée de ses statues et de ses tableaux, conquis dans les guerres de la République et de l'Empire, on faisait aussi rendre gorge à nos Bibliothèques, et la Bibliothèque du Roi perdit les plus beaux fleurons de sa couronne bibliographique. Van Praët faillit en mourir de chagrin ; il aurait recommencé la guerre générale, pour sauver les éditions sur vélin, les manuscrits, les papyrus, les papiers d'archives, que l'Europe entière venait réclamer à Paris. Il essaya d'en soustraire plusieurs à l'enquête des commissaires de la restitution ; il parvint à en cacher un petit nombre, qui sont maintenant encore sous la sauvegarde de votre administration. Je vous recommande seulement une vingtaine de splendides manuscrits de poëtes et de prosateurs italiens, exécutés pour Léon X, avec des peintures et des arabesques qui ne seraient pas indignes de Raphaël et de Jules Romain. Gardez-les bien sous cent clefs, et lors même que nous reverrions l'invasion de 1815 et les publications royalistes de l'imprimeur A. Egron, ne cédez pas même aux exigences d'un échange *par ordre*, et ne rendez pas à César ce qui est à César : je vous conseille, à tout hasard, d'effacer sur ces manuscrits, conservés par Van Praët en dépit des traités de paix, l'estampille compromettante du Vatican.

Agréez, etc.

PAUL LACROIX
(BIBLIOPHILE JACOB).

5 novembre 1849.

XXXII.

Monsieur l'Administrateur général,

Ce n'est rien que de vous avoir déjà envoyé un volume des *Essais historiques* de Saint-Foix : comme il y a bien dix éditions de cet ouvrage, il y a sans doute plus de dix volumes qui se promènent hors de la Bibliothèque. En voici toujours un, pour attendre les autres.

Essais historiques de Monsieur de Saint-Foix, troisième partie. *Londres* et *Paris, Duchesne*, 1757, in-12, relié en maroquin rouge, aux armes du roi; timbre de la Bibliothèque Royale, L. 2048.

A 2.

Ce volume appartient à une édition différente de celle qui avait perdu au moins un de ses volumes que j'ai retrouvé. Ce ne sera pas le dernier que je découvrirai sans doute dans les catacombes des ouvrages incomplets, mortels asiles ouverts aux livres orphelins, veufs, malades ou invalides. Ah ! Monsieur l'Administrateur général, si vous saviez combien de volumes égarés de la Bibliothèque du Roi sont venus depuis un siècle tomber et disparaître dans cet hospice qui devient pour eux tôt ou tard une caverne d'équarrissage et un sépulcre muet! Il est certain, par exemple, que vingt ou trente volumes, empruntés à vos nombreux exemplaires des *Essais historiques sur Paris*, ont été successivement engloutis dans cette espèce de gouffre sans fond et sans écho, où roulent sans cesse les débris errants et les ombres plaintives des Bibliothèques. Trente volumes des *Essais* de Saint-Foix! allez-vous, sans doute, vous écrier. — Oui, Monsieur l'Administrateur général, trente au moins, dont la reliure a fourni des empeignes à vos souliers, et le papier imprimé, de la pâte à faire les cartes de votre grand jeu du catalogue de la Bibliothèque. Et encore, dans ces trente volumes, je ne compte pas ceux des *Nouveaux essais historiques sur Paris*, qui font suite au recueil de Saint-Foix, et qui ont pour père anonyme un autre chevalier, Alexis-Jacques Ducoudray, ancien mousquetaire gris, gouverneur du pays des Andelys, auteur d'une foule de compilations et de productions en tous genres, et pourtant (les biographies ne le disent pas, pour l'honneur des lettres) mort à l'Hôtel-Dieu de Paris, le samedi 7 février 1789, et enterré le lendemain à la paroisse de Saint-Pierre-aux-Bœufs. Il en est des livres comme de leurs auteurs : aucuns meurent à l'Hôtel-Dieu et sont inhumés dans la fosse commune. Pauvres auteurs! Pauvres livres!

Pourquoi vous cacher le déplorable sort de la plupart des volumes dépareillés qui vous manquent? Ils sont devenus ce quelque chose sans nom que fait la destruction des livres. *De profundis ad te clamavi, Domine.* Eh! que voulez-vous que devienne un volume isolé, véritable *caput mortuum*, que le hasard aveugle et sourd jette, au sortir d'un obscur encan, soit dans le sac d'un marchand de ferrailles, soit dans une boîte de bouquiniste, soit au milieu du vieux papier à vendre à la livre? N'avez-vous pas rencontré quelqu'un de vos plus brillants camarades de collége, déclassé, dépaysé, dégradé par les événements ou par sa propre faute, couvert de haillons, végétant dans l'indigence et ne pouvant plus s'élever au-dessus de la sphère du cabaret? Telle a été, telle est la destinée de bien des livres qui ont brillé autrefois à la Bibliothèque du Roi, et qui, après avoir oublié leur ancien éclat dans la poussière, la crasse et l'humidité, périssent misérablement sous le couteau de l'équarrisseur, comme les vieux chevaux à l'abattoir de Montfaucon. Il y a dans Paris certaines officines où l'on ne fait nuit et jour qu'abattre des livres; on opère d'abord le triage, on met à part ceux que leur bonne mine recommande le plus; on essaye encore de revendre les meilleurs aux bouquinistes, aux libraires, aux amateurs, qui vont chercher fortune dans cette espèce de regratterie biblique. C'est là qu'on trouve de quoi compléter les ouvrages et réparer les livres : le volume dépareillé reprend valeur en se réunissant à un corps d'ouvrage qu'il complète; le volume taché, déchiré, éreinté, sert du moins à la restauration d'un volume analogue, qui, mieux conservé, est plus imparfait; ici, c'est un titre qu'on remplace; là, une page, un cahier qu'on ajoute; quelquefois, une carte, une figure, un portrait. Vous ne sauriez croire ce que les collections de portraits ont pris dans les livres depuis trois siècles, et naturellement dans ceux de la Bibliothèque du Roi? Et les titres de livres, Monsieur, c'est une malédiction! Tant de causes diverses ont dépouillé de leurs titres une multitude de bons livres, qui n'ont pas d'autre imperfection que celle-là, assez indifférente au point de vue de l'usage du volume, et pourtant si grave, si peu tolérable aux yeux du bibliophile. Vous comprendrez donc qu'on entasse des titres de livres, comme une marchandise et même comme une curiosité. Les savants Debure frères (*Arcades ambo*), anciens libraires de la Bibliothèque du Roi, n'avaient-ils pas rassemblé 50 à 60,000 titres de livres, la plupart avec vignettes ou ornements gravés en bois ou en cuivre? Votre honorable collègue d'Institut, M. Libri, n'a jamais pensé à faire une collection de cette espèce, et cependant on aurait découvert chez lui, dit-on (ce n'est pas vous qui le dites), un carton rempli de ces titres de livres, tout chargés d'estampilles suspectes, lavées, grattées, effacées ou encore intactes. Ces titres de livres, à ce qu'il paraît, s'envolent de je ne sais quel antre sibyllin, et s'introduisent partout, à travers les serrures et les scellés. Fermons bien nos fenêtres et nos portes, Monsieur, et prions Dieu que le diable ne vienne pas chez nous faire des siennes sous la forme d'un titre de livre au timbre de la Bibliothèque de Lyon ou de celle de Montpellier. Un pareil titre de livre, c'est un corps de délit, c'est la tache de sang, c'est le cadavre de la victime. On n'aurait qu'à glisser ce titre-là dans nos poches : nous serions sur-le-champ accusés et convaincus d'avoir volé vingt ou trente in-folios dans une Bibliothèque publique ! *Horresco referens*, Monsieur le professeur.

J'en reviens à l'histoire aventureuse et tragique de vos livres dépareillés : quand ils n'ont pas été sauvés par la pitié du *bibliopole* ou du *bibliognoste* (langue de l'abbé Rive, de *purpuracée* mémoire) ; quand un mois d'étalage ne les a point fait rentrer dans le monde de la librairie, ils sont définitivement condamnés : le bourreau, l'épicier (ce n'est pas vous qui auriez cet affreux courage), saisit d'une main le volume béant, et de l'autre il s'arme de son coutelas ; il attaque les fils de la reliure, détache délicatement l'endossage, écorche le maroquin, le veau ou la basane, qui recouvrent le carton, puis il divise en trois tas les produits de son opération féroce : la peau, le carton et le papier. Tout cela se vend et se transforme sous les mains de l'industrie, tout cela profite à quelque chose et à quelqu'un. Mais vos livres, ainsi décarcassés et *débités*, ne sont plus bons qu'à faire des cartonnages, des cornets de bonbons ou des boîtes de pilules. Je voudrais pouvoir vous dorer celle-là. A propos de dorure, la tranche de vos livres en vieux maroquin rouge étant souvent dorée, on la brûle pour en extraire l'or qui, sous le dernier règne, brodait les habits des pairs de France. Voilà, Monsieur l'Administrateur général, ce qu'on a fait de quelques milliers de volumes qui manqueront à la Bibliothèque Nationale jusqu'au jugement dernier de vos regrettés prédécesseurs.

Descendez dans les profondeurs des rues Saint-Jacques et de la Harpe, pour pénétrer le mystère de la boucherie des livres; hasardez-vous dans la pénombre éternelle de la rue Serpente, et, comme Jérémie, pleurant sur la ruine prochaine de Solyme, répandez toutes vos fleurs de rhétorique (*manibus date lilia plenis*) sur ces infortunés volumes qui vous demandent grâce. Mais puisque vous êtes dans le voisinage de la rue Percée, souvenez-vous de vos 4,248 ouvrages incomplets (en 1834), et de leurs 11,530 volumes manquant; visitez le magasin de Lecureux, qui s'est fait, pour ainsi dire, le *rebouteur* de la librairie, et qui ne vend guère que des livres dépareillés; demandez-lui de se consacrer à une œuvre pie, que j'aimerais à voir imprimée dans vos œuvres complètes : il s'agit de compléter ces 4,248 ouvrages incomplets; il s'agit de remettre en bon état ces dix ou quinze mille volumes imparfaits qui déshonorent la Bibliothèque Nationale. Que si vous prenez sous votre bonnet de docteur cette sage mesure d'administration, ne négligez pas de la rendre efficace pour l'avenir, en la corroborant d'une autre mesure non moins urgente et dès lors indispensable : supprimez le prêt des livres au dehors, exigez de votre public certaines garanties de notoriété civile, sinon scientifique et littéraire. Quant au Catalogue des imprimés de la Bibliothèque Nationale, quant à ce glorieux monument de bibliographie universelle, qui n'attend plus qu'un architecte (peut-être votre humble serviteur), je vous répéterai, en dépit des perfides conseils du *trahit sua quemque voluptas* : « Faites des traductions de Plaute, faites des éditions de Tacite et de Catulle, faites des *Conjurations d'Etienne Marcel.* » Maître André, qui a mis en tragédie le *Tremblement de terre de Lisbonne*, aurait dû s'en tenir à ses perruques.

Agréez, etc.

PAUL LACROIX
(BIBLIOPHILE JACOB).

6 novembre 1849.

XXXIII.

Monsieur l'Administrateur général,

Dites, avec l'Evangile : « Paix aux bibliophiles de bonne volonté ! » Cette bonne volonté, qui est grande chez moi comme chez vous, ne dispose que de petits moyens pécuniaires : impossible de racheter *in partibus infidelium* ces beaux volumes en maroquin rouge, aux armes du roi, que je vous souhaite ! Mais rien n'est à négliger dans l'ensemble d'une bibliothèque générale, et le plus modeste in-8, relié en basane, peut occuper une place importante au point de vue de la bibliographie. Acceptez donc mon humble offrande, que les *picoreurs de l'endroit* ne se hâteront pas de s'approprier, car elle ne me coûte pas plus de deux francs, et elle ne vous coûtera qu'un grand merci.

Histoire du Parlement de Paris, par M. l'abbé Big... (Voltaire). *Amsterdam*, 1769, 2 tom. en 1 vol. in-8, rel. en basane marbrée; timbre de la Bibliothèque Impériale, L. double de 2002.

10 A.

Ce ne sont pas de ces doubles-là que la Bibliothèque du Roi échangeait ou vendait naguère, quand elle avait besoin d'argent pour ses reliures, ou plutôt quand quelque puissante partie intéressée avait besoin d'une édition rare ou d'un volume précieux que la librairie n'aurait pu lui fournir. Vous n'avez touché ni à ces ventes ni à ces échanges de doubles ; ne vous en lavez pas les mains. Il est utile et instructif pourtant de nous apprendre, d'après les archives des anciens gardes et de l'ancien conservatoire de la Bibliothèque, pourquoi et comment se faisaient autrefois et naguère lesdites ventes et lesdits échanges. Encore une fois, Monsieur, vous n'y étiez pas, et je vous en félicite ; mais enfin, puisque vous vous êtes porté fort de tout expliquer, de tout justifier, de tout éclaircir, dans ce passé qui vous a légué ses pièces justificatives, sinon sa responsabilité ; dites-nous un peu quels services les ventes et les échanges ont rendus à la

Bibliothèque ou quels torts ils lui ont causés? Quant à moi, je ne connais de document officiel, qu'un catalogue de doubles imprimé pour une vente qui eut lieu en 1735, au moment où le Catalogue général de la Bibliothèque était à peu près rédigé et classé pour l'impression. Mais ce qu'il nous importe de connaître, ce ne sont pas seulement les titres des ouvrages vendus ou échangés, ce sont encore les précautions prises par l'administration pour que ces ouvrages fussent réellement des doubles, pour que ces doubles reçussent exactement la seconde estampille constatant leur sortie régulière, pour que la vente ou l'échange fût entouré de toutes garanties réciproques dans l'intérêt de l'ancien et du nouveau possesseur. Il ne suffit pas de déclarer, comme vous l'avez fait, dans votre *Lettre à M. Libri*, que la Bibliothèque n'échange pas et ne vend pas; la réponse si péremptoire et si judicieuse de M. Cretaine nous a donné la valeur de ces déclarations : *Tanto... promissor hiatu*, a dit Horace, que vous avez traduit aussi bien que Plaute.

Combien de livres, sortis de la Bibliothèque par voie de vente ou d'échange, que les libraires ou les amateurs possèdent très-légitimement et que vous ne craindriez pourtant pas de revendiquer à la façon de l'autographe de Molière! Ici, le double timbre a été oublié; là, on n'a pas biffé l'ancien timbre; ailleurs, tous les volumes d'un même ouvrage ne portent pas les mêmes caractères de cession autorisée et approuvée par qui de droit. Périssent les colonies plutôt qu'un principe. Votre principe à vous, c'est que la Bibliothèque n'est jamais passible des fautes de ses chefs, et qu'elle reprend son bien partout où elle le trouve. Votre jurisprudence semble une réminiscence de Molière, qui s'excusait ainsi d'être le plagiaire de Cyrano de Bergerac. Permettez-moi, à ce propos, une digression historique, pour vous faire mieux comprendre la portée du mot de Molière. Le jeune Jean Pocquelin avait eu Cyrano pour condisciple et pour ami de collége : ils étudièrent ensemble la philosophie sous Gassendi. Dès cette époque, l'auteur de l'*Etourdi* composait quelques essais dramatiques. Ce fut un de ces essais, le *Maître d'école* (le manuscrit de cette farce était encore en 1760 dans la collection dramatique de M. de Bombarde!) que Cyrano s'appropria pour le développer en grande comédie, sous le titre du *Pédant joué*. Molière ne se fit donc aucun scrupule plus tard d'utiliser ses propres canevas et de mettre en œuvre des idées comiques qui lui appartenaient. De là, le mot célèbre que les commentateurs ont regardé comme une boutade de génie un peu hasardée au point de vue moral. Ce n'était que l'énonciation d'un fait véritable que l'histoire littéraire n'a pas encore enregistré. Les faits les plus simples deviennent complexes, les plus clairs obscurs, quand on les voit à travers les préjugés et la mauvaise foi des hommes. Ainsi en est-il du mot de Molière; ainsi de son autographe.

Mais il ne s'agit point d'autographe, il s'agit de livres : eh bien! Monsieur l'Administrateur général, quelles inductions monstrueuses et stupides tirerait-on de la saisie régulière de vingt, de trente, de cinquante volumes à l'estampille de la Bibliothèque Nationale, chez un libraire ou chez un particulier! Les bibliothécaires, j'entends ceux dignes de ce nom, hausseraient les épaules et s'écrieraient, avec d'Alembert, qui ne fut pas aussi savant mathématicien que M. Libri : « Des livres à estampille? qu'est-ce que cela prouve? » Si j'étais mort, en effet, avant la publication des Lettres que j'ai le bonheur de vous adresser et qui pourront bien s'élever au chiffre des Mille et une Nuits, on eût trouvé en ma possession les livres à estampille que je vous ai déjà envoyés et une partie de ceux que je vous enverrai successivement, selon notre bon plaisir; imaginez maintenant des ennemis acharnés, des envieux, des sots et des méchants (c'est tout un), réunis en conspiration contre ma mémoire de bibliophile. Voilà un bon procès à entamer contre votre humble serviteur qui vous a pardonné *in extremis*. Il y a corps de délit, il y a des livres à estampille de la Bibliothèque, et si les experts s'en mêlent, on embrouille tant et si bien les choses, que la justice, qui est déjà quelque peu aveugle, n'y voit plus goutte. Ah! Monsieur, que j'ai prudemment fait de ne pas mourir, lorsqu'il y avait de si terribles charges contre moi! *Miserere nobis, Domine.* Cinquante mille volumes ont disparu, à différentes époques, de la Bibliothèque Nationale ; d'accord, et vous n'y pouvez mais. Or, quiconque sera trouvé nanti de quelques-uns de ces volumes passera pour les avoir dérobés, ou du moins sera-t-il accusé d'en être le recéleur. On n'osera plus avoir chez soi un seul volume, de peur de rencontrer, au premier jour, un accusateur impitoyable dans la peau de ce volume, de ce traître, relié en veau ou en maroquin, qui prend des airs d'honnête bouquin pour nous mieux abuser. C'est à faire trembler un saint ou un stoïque. Désormais, on arrêtera, on emprisonnera, on jugera tout citoyen accusé d'avoir acquis ou recélé un livre suspect d'estampille. Prenez garde à ous, Monsieur l'Administrateur, si vous avez eu l'imprévoyance d'acheter cent bouquins, dans tout le cours de votre vie d'académicien ? Mieux vaudrait ne savoir pas lire.

Ce serait pis encore, si, parmi les livres à estampille saisis dans les mains de quelque innocent recéleur, chez vous ou chez moi, on en reconnaissait un que vous ou moi eussions emprunté ou lu à la Bibliothèque Nationale, quatre ou cinq années auparavant; il n'y aurait plus à se défendre ; il faudrait s'incliner sous le poids fatal de l'apparence. Et néanmoins, je vous le demande, Monsieur l'Administrateur général, vous souvient-il de tous les livres que vous avez eus sous les yeux? Les reconnaîtriez-vous à leurs titres et qualités ? Pauvre mémoire que la nôtre! Comment voulez-vous que je reconnaisse un in-folio ou un in-douze, moi qui ne vous reconnaîtrais pas vous-même au milieu de trois experts ? Enfin, que ce volume, qui se retrouve si malheureusement parmi nos livres, ait perdu quelques-uns de ses feuillets ou de ses figures (non de rhétorique), nous voilà, l'un ou l'autre, atteints et convaincus d'avoir mutilé et spolié le bien de l'Etat : « c'est très-grave! » diront les experts, et cette vilaine Renommée, que Palissot nous a montrée embouchant si malhonnêtement sa trompette, répétera : « C'est très-grave ! » O Palissot !

Remercions le Ciel, Monsieur l'Administrateur général, de n'avoir jamais collectionné, l'un et l'autre, soit des livres, soit des estampes, soit des autographes ; car il est à peu près impossible de rassembler quelques milliers de volumes ou de gravures, ou de feuillets manuscrits, sans que la Bibliothèque Nationale, ou quelque autre dépôt public, ait droit, ou raison, ou prétexte de réclamer la part du lion. Je nous vois d'ici bien embarrassés d'une semblable affaire. Tout le monde crierait haro sur le baudet.

Agréez, etc.,

PAUL LACROIX
(BIBLIOPHILE JACOB).

7 novembre 1849.

P. S. Il est minuit : je suis tellement effrayé d'avoir encore chez moi un volume à l'estampille de votre Bibliothèque Nationale, que je me lève de mon lit, pour placer sous votre couvert ce volume menaçant :

Essais historiques sur Paris, et autres œuvres de M. de Saint-Foix sur les mœurs de cette capitale. Tome sixième. *Paris, Ve Duchesne*, 1778, in-12, relié en maroquin rouge, aux LL couronnées et aux armes du Roi ; timbre la Bibliothèque Royale, L. 2048.

A. 7.

Encore du Saint-Foix ! toujours du Saint-Foix ! vos lecteurs ordinaires ne s'en plaindront point. Et vous aussi, Monsieur l'Administrateur général, lisez les *Lettres turques*, que renferme ce volume, pour vous distraire du sérieux de mes Lettres. En remarquant que ce volume contient les dissertations sur le *prisonnier masqué*, n'allez pas supposer que je vous l'aie emprunté pour écrire mon *Histoire de l'Homme au masque de fer*. Quel rapprochement redoutable et mystérieux ! c'est comme si vous aviez le courage de réintégrer à la Bibliothèque quelque traduction de Plaute portant l'estampille et reliée aux armes du roi. Qu'en dirait-on? Hélas ! la moitié des choses de la vie et des bibliothèques est subordonnée à ce terrible arrêt : *Qu'en dira-t-on?*

XXXIV.

Monsieur l'Administrateur général,

Je vous ai déjà envoyé une grammaire latine, comme pour donner le pas au latin sur les autres langues qui sont ses filles plus ou moins légitimes. Je vous adresse aujourd'hui une grammaire espagnole, en attendant que je puisse forcer ainsi toutes les langues européennes à venir vous rendre hommage par la voix de leurs grammaires ramenées en triomphe à la Bibliothèque Nationale. N'avez-vous pas traduit le carthaginois du *Pœnulus* de Plaute? Mais il ne s'agit pas de la langue ni de la foi puniques.

Le Maître d'espagnol, ou Éléments de la langue espagnole à l'usage des Français, par J.-L.-Barthélemi Cormon. *Lyon, B. Cormon et Blanc,* 1804, in-8, relié en veau racine, filets; timbre de la Bibliothèque Impériale, X. 1449.

H.

N'est-il pas touchant de voir les services que la Bibliothèque Nationale ne cesse de rendre aux jeunes citoyens qui veulent apprendre les langues étrangères? Vous n'avez pas de grammaire, encore moins de dictionnaire, mais la Bibliothèque en a pour vous. La Bibliothèque n'est-elle pas instituée ou plutôt réglée et dirigée pour cela? Voilà le *panem et circenses* de ses commensaux ordinaires. Ils viennent s'asseoir à cette table, ouverte éternellement à tous les appétits du besoin de savoir, et là, sous vos yeux de professeur de rhétorique et d'ancien maître d'étude, ils déjeunent et dînent de langues, si bien qu'ils emportent quelquefois les plats et les couverts. Oh! que c'est bien comprendre l'usage de cette admirable Bibliothèque, qui, comme celle d'Alexandrie, fait l'envie et l'ornement du monde lettré! Est-il besoin d'un catalogue classé, raisonné et imprimé pour distribuer des grammaires aux pauvres de langues, comme le *Petit Manteau bleu* distribue des soupes aux indigents?

Certes, vous devez être fier de ces magnifiques résultats, que peut revendiquer votre gracieuse administration. Il est si doux d'étudier les langues, surtout quand il n'en coûte rien! Comment ne pas bénir les bienfaits de la Bibliothèque Nationale? Dans les premiers temps de l'imprimerie, le *Facet*, le *Théodoret* et les autres grammaires latines, en usage dans les universités, se vendaient aux écoliers moyennant quelques testons, et l'on en achetait alors autant que des bibles; mais aujourd'hui, on trouve toutes les grammaires du monde, sans bourse délier, à la Bibliothèque. Je dis qu'on les trouve, par figure de rhétorique, c'est-à-dire qu'on devrait les y trouver. En tous cas, quand elles sont en place, rien n'est plus facile que de mettre la main dessus, catalogue à part. Mais, aussi, faut-il avouer qu'elles ne sont pas toujours où elles devraient être, témoin ce *Maître d'espagnol.* « *Carajo!* s'écriera un bibliothécaire de votre trempe. Qui ose prétendre que la Bibliothèque Nationale n'a pas de *Maître d'espagnol?* En voulez-vous deux? en voulez-vous trois? en voulez-vous cinq? Les voici, les voilà. *Puer, abige muscas.*— Dieu fasse, Monsieur le bibliothécaire, qu'on ne vous charge pas de trier les doubles de la Bibliothèque et de les réformer comme des invalides! Vous entendez par *double* de bibliothèque, ce me semble, le même livre; moi, j'entends la même édition et l'exemplaire conforme. Ainsi, le *Maître d'espagnol* dont je vous représente la première édition, dédiée à l'Académie royale espagnole, a été réimprimé dix ou douze fois, in-8 et in-12; ce sont autant d'exemplaires que la Bibliothèque possède ou a possédés par le droit monstrueux du dépôt légal. Combien vous en reste-t-il? Répondez, si vous ne jetez pas votre langue aux chiens. Je formulerai ainsi ma proposition: La Bibliothèque Nationale, que vous gouvernez en cabinet de lecture, est destinée, comme centrale et générale, à réunir et à conserver toutes les éditions d'un même livre. Telle est sa véritable utilité. Mais vous mêlez l'utile à l'agréable. De là, le prêt des livres au dehors et l'invasion du public nuisible au dedans. *Quousque tandem abutere, Catilina, patientia nostra!*

Je ne vous ai point encore parlé des lacunes que présente la série des grammairiens à la Bibliothèque Nationale. Ces lacunes sont assez nombreuses, sinon difficiles à combler. Il y a cependant des grammaires et des dictionnaires aussi rares et aussi précieux que les romans de chevalerie, voire celui de *Lancelot du Lac.* A propos, n'aurait-on pas, en 1815, échangé le *Lancelot du Lac*, exemplaire de Mme de Pompadour, contre une grammaire cosaque ou contre un dictionnaire sibérien? Quel qu'ait été cet échange, toujours est-il que vos grammairiens et vos lexicographes patois ont décampé depuis longtemps, aussi bien que vos vocabulaires d'argot, qui se promènent sans doute dans les bibliothèques particulières des plus honnêtes gens. Allez donc courir après ces facétieux enfants de Pierre Faifeu, de François Villon, de Jean Millet et de Pierre Goudouli!

Mais parlons des langues honnêtes, de celles qui se parlent en pays d'académie; ne nous occupons pas ici du caraïbe, de l'algonquin, ni du topinambous : la Bibliothèque Nationale ne ressemble déjà que trop à la tour de Babel. Qu'avez-vous fait, qu'a-t-on fait de tant de livres de grammaire et de linguistique, qui pourraient s'élever jusqu'au ciel sans amener la confusion des langues? Les plus mauvais ont suivi les meilleurs, les plus communs n'ont pas été moins épargnés que les plus rares. En fait de langue, tout est bon à lire, si tout n'est pas bon à dire : le latin et le grec, l'italien et l'espagnol, l'allemand et l'anglais ont pris des ailes pour s'envoler hors de la Bibliothèque, ainsi que la colombe de l'arche, et ils n'y reviendront pas en vous rapportant la branche d'olivier. Vous plaît-il d'en connaître quelques-uns qui n'attendent peut-être qu'un coup de vent pour rentrer dans votre volière, plus ou moins éclopés? C'est l'éternelle fable des *Deux Pigeons*.

Encore un peu d'espagnol, cette fière langue qui vous a enfanté le matamore : *Vocabolario italiano e spagnolo*, de Lorenzo Franciosini (X. 1171); un peu d'italien : *Nuovo Dizzionario italiano francese e francese italiano*, édition de 1676 (X. 1168); un peu d'allemand : *Nouvelle Grammaire allemande*, de J. Meidinger (X, 1490); un peu d'anglais : *le Maître anglais, ou Grammaire raisonnée*, de Poppleton (X. 1547), etc.

T. a

Q d

Vous riez d'un air de triomphe, et vous m'allez convaincre

5

d'erreur *in baroquo* et *in balordo ;* car vous les avez encore, ces livres, vous les comptez par trois et quatre exemplaires ; bien plus, de Poppleton, cinq éditions différentes ; de Meidinger, dix ou vingt éditions. Mais l'exemplaire en maroquin rouge, aux armes du roi, l'exemplaire en veau racine, aux armes de l'empereur, ont-ils suivi, l'un, Napoléon à Sainte-Hélène, l'autre, Louis XVIII à Coblentz ou à Gand ? Je vous fournis volontiers les numéros des livres ; fournissez-nous les livres des numéros.

Puisque la Bibliothèque Nationale offre mille ressources à quiconque veut étudier les langues étrangères, ne soyez pas surpris que certains grecs se soient souvent introduits à la Bibliothèque : votre Salle de lecture est pour eux le cheval de Troie. Ici, le lecteur a mis le livre sous le manteau ; là, le prêt à domicile a fait un vide énorme. Que de pertes irréparables et innombrables depuis cinquante ans ! Rien n'a semblé trop lourd, ni trop chaud à emporter. *Jam proximus ardet Ucalegon.*

Agréez, etc.

PAUL LACROIX
(BIBLIOPHILE JACOB).

8 novembre 1849.

XXXV.

Monsieur l'Administrateur général,

Si j'étais plus riche, si j'étais comme Chapelain ou comme vous, *le mieux renté de tous les beaux esprits,* si j'étais seulement un bibliophile appointé, pensionné, et académiquement couché sur la feuille des bénéfices du budget, je ne marchanderais pas avec le plaisir de faire rentrer des livres rares à la Bibliothèque Nationale ; mais ce plaisir-là coûte cher, et je suis forcé de le prendre d'une manière économique. Je remplace aujourd'hui la qualité par la quantité. Voici trois volumes qui vous reviennent à la fois : *Numero Deus impare gaudet.*

Dictionnaire des Origines, ou Époques des inventions utiles, des découvertes importantes et de l'établissement des peuples, des religions, des sectes, des hérésies, des lois, des coutumes, des modes, des dignités, des monnoies, etc. (par Jean-Baptiste-Abraham Dorigny). A-I. *Paris, J.-Fr. Bastien*, 1777, 3 vol. in-8, relié en veau marbré, tranche rouge; timbre de la Bibliothèque Impériale, P. 520.

7.1 à 3.

Je suis bien certain de n'avoir jamais lu ni jamais emprunté cet ouvrage-là à votre Bibliothèque : on ne me soupçonnera donc pas de vous faire une restitution adroite, et de me mettre de la sorte à l'abri d'une méchante affaire. Mais, je l'avouerai, Monsieur l'Administrateur général, depuis quinze ou vingt ans, j'ai usé quelquefois du privilége du prêt (comme vous autres, messieurs), et, parmi les livres que la Bibliothèque m'a prêtés si généreusement, livres que je lui ai restitués avec un soin religieux, il en est sans doute aucuns que d'autres lecteurs ou emprunteurs ont touchés après moi. Ceci est une question grave, et même très-grave, comme disent les experts. Si, par aventure, on ne retrouvait plus à la Bibliothèque un des volumes qui m'ont été communiqués, est-ce à dire qu'on m'accuserait de l'avoir pris, et qu'on viendrait m'en demander compte ? Souvent, et principalement pour des ouvrages fort précieux, je les ai remis en mains propres au conservateur qui me les avait confiés. Eh bien ! il suffirait d'une indication vague, laissée par mégarde sur un registre, pour me causer de l'ennui, sinon des désagréments ? Tout ce qui se passe en fait de Bibliothèques publiques, de livres à estampilles et d'experts, est bien fait, ce me semble, pour nous donner à réfléchir. La Bibliothèque du Roi et son Administrateur général sont des buissons d'épines, dit-on : qui s'y frotte s'y pique, c'est la devise de Jean Sans-Peur et de certaines gens. J'ai recours à vos lumières pour me faire d'avance réponse à tout : il ne s'agit pas seulement d'être innocent, il faut encore le paraître.

Que répondrais-je si l'on me demandait tout à coup des nouvelles de votre exemplaire d'*Alcibiade Fanciullo*, qui a été entre mes mains, pendant plus de quinze jours, en 1837 ou 1838 ? C'est un bien abominable livre, mais c'est un livre rarissime, et un bibliophile ne peut se dispenser de le connaître *de visu*, ne serait-ce que pour distinguer l'édition originale de la contrefaçon. J'avais donc emprunté ce petit volume, que la Bibliothèque du Roi ne dédaigna pas d'acheter, à la vente du duc de La Vallière, moyennant la somme de 35 francs : il vaut aujourd'hui plus de 500 francs, parce que des remords de conscience ont décidé la plupart des possesseurs de ce livre infâme à détruire leurs exemplaires. Il en existe à peine cinq ou six de l'édition originale. C'est un livre qu'on ne prête à personne, dans votre Salle de lecture, bien entendu ; j'avais obtenu de l'emporter avec moi pour comparer avec l'exemplaire que possédait mon vieil ami Guilbert de Pixerécourt, dont je rédigeais alors le Catalogue avec Charles Nodier. Je vous parle de 1837, Monsieur : vous n'étiez encore que simple et très-simple conservateur à la Mazarine. J'ai donc rendu à votre savant collègue, M. Magnin, l'exemplaire qu'il avait bien voulu me permettre de faire sortir de la Bibliothèque. Qu'arriverait-il si, dans l'intervalle des douze années qui se sont écoulées depuis, l'*Alcibiade Fanciullo* avait disparu de la place qu'il occupe à si bon droit dans votre Enfer ? On se demanderait naturellement quel est le lecteur ou l'emprunteur qui a, en dernier lieu, consulté le volume absent ; on se souviendrait de moi, sans doute, et si une note malencontreuse, oubliée dans vos registres, allait donner un démenti à mes explications, on ne réclamerait qu'à moi cet affreux livre que les bibliophiles achètent au poids de l'or. Par bonheur, mes souvenirs bibliographiques me viendraient en aide pour prouver que, dans le cours de 1846, un conseiller aulique de Vienne, bibliographe érudit et ingénieux, a fait exprès le voyage de Paris, afin d'examiner l'*Alcibiade Fanciullo* de la Bibliothèque du Roi. Il a pu dire, en s'en retournant satisfait : *Veni, vidi, reddidi.*

Les appréhensions que je vous soumets à l'égard de ce volume que je donne au diable bien volontiers, n'ont rien que de très-possible et de fort naturel : je me souviens d'un fait qui les confirme. Quand je composais l'*Histoire de Soissons*, j'obtins de la Bibliothèque de cette ville, par l'obligeante intervention du maire, l'honorable M. Quinette, communication du manuscrit d'une histoire inédite, recueillie par Cabaret ; M. Quinette me remit lui-même, à Paris, les deux volumes in-folio de cette histoire, que je gardai pour mon travail pendant plus de trois mois. L'*Histoire de Soissons* terminée et imprimée, je renvoyai à M. Quinette le manuscrit qu'il m'avait confié, et il voulut bien m'en accuser réception. Un an plus tard, le bruit courut à Soissons que j'avais confisqué le manuscrit de Cabaret. Il y a du scandale à Soissons tout comme à Landernau. Le bibliothécaire de la ville m'écrivit lettre sur lettre pour me prier, pour me sommer de restituer le manuscrit. J'en écrivis à M. Quinette, qui avait totalement oublié les circonstances de la restitution. J'eus alors, comme dit Panurge, la puce à l'oreille, et je craignis d'être bel et bien convaincu d'avoir perdu ou détruit ce pauvre Cabaret. Que faire ? Que répondre ? Si les experts avaient eu force de loi en ce temps-là, j'étais dénoncé et accusé comme spoliateur de bibliothèque publique, comme voleur de Cabaret. Par bonheur pour moi, les experts étaient encore sous la férule de leur professeur de rhétorique. Après de longues et pénibles recherches, je découvris la lettre de M. Quinette, certifiant la remise du manuscrit entre ses mains, au moment même où M. Quinette découvrait, de son côté, le manuscrit oublié au fond d'une armoire.

Ce manuscrit était autographe ; mais quel prix peut-on attacher à un autographe de Cabaret ? On a donc jugé inutile de s'assurer qu'aucune page n'avait été arrachée dans ce manuscrit. Il est vrai que je l'avais reçu sans le collationner. Or, par la jurisprudence qui court, on ne saurait prendre trop de précautions là-dessus, et je m'effraye en songeant que je suis détenteur de votre manuscrit de Rabelais depuis deux ans et plus, en vertu, il est vrai, d'une autorisation du ministre (c'était alors le digne et excellent M. de Salvandy, que je regretterai toujours, sans être payé pour cela). Ce manuscrit autographe et inédit, c'est moi qui l'ai reconnu à la Bibliothèque du Roi ; c'est moi qui l'ai annoncé au monde savant ; c'est moi qui ai charge de le publier. Voilà certes plus d'un titre plausible pour le tenir sous le rayon de ma lampe de travail. Mais s'il y manquait un feuillet, un feuillet autographe de Rabelais, comment me justifierais-je de l'absence de ce feuillet précieux ? Eh ! Monsieur l'Administrateur général, quand j'ai accepté le dangereux dépôt de ma trouvaille, ai-je pris la précaution d'en compter les feuillets et d'en établir le nombre ? Bien plus, je me rappelle que ce volume, qui en formait deux avant d'être relié, il y a vingt ou trente ans, est imparfait à la fin, sans que rien constate ce qui peut y manquer. Le bibliothécaire, avant ou après la reliure, n'a pas laissé dans ce volume une note analogue à celle que M. Champollion-Figeac a eu la précaution d'inscrire de sa main et de signer, dans le premier tome du *Recueil de chansons*, dit de Maurepas : « Cejourd'hui, j'ai reconnu l'absence de tel feuillet déchiré. » Une note du même genre constate la soustraction des premiers cahiers du manuscrit autographe de l'*Histoire de saint Louis*, par Lenain de Tillemont. Il y a là de quoi tranquilliser les lecteurs et les emprunteurs à venir. Dieu merci ! je ne suis pas un des ces autographophiles dont le nom seul vous fait dresser les oreilles ; je crois avoir acquis, par vingt-cinq ans de maniement de livres et de manuscrits, une bonne réputation de bibliophile (souvenez-vous que j'ai trouvé dans la bibliothèque de M. de Soleinne deux ou trois cent mille francs en billets au porteur et en rouleaux d'or). Cependant, c'est une merveilleuse chose qu'un autographe de Rabelais ; un seul feuillet de cette sacro-sainte écriture vaudrait peut-être deux ou trois cents francs, et, dans le triste temps de démoralisation où nous sommes, Caton pourrait faillir pour moins que cela ! Monsieur, Monsieur, je vous quitte, pour aller voir si mon, si votre manuscrit de Rabelais est intact ! Celui qui oserait porter une main profane sur l'œuvre de maître François ne serait, à coup sûr, ni un *buveur très-illustre*, ni un *goutteux très-précieux* : je le livrerais sans pitié à votre jurisprudence et à ses ministres ; je demanderais, comme Harpagon, des échafauds ! des bourreaux ! des experts ! Je ferais pendre tout le monde, pour que le voleur n'échappât point à ce trop juste châtiment, et je me pendrais moi-même, après lui, de désespoir.

Agréez, etc.

PAUL LACROIX
(BIBLIOPHILE JACOB).

8 novembre 1849.

P. S. A propos de Rabelais, M. Magnin, qui l'aime comme je fais, m'apprend qu'il a retrouvé l'édition originale in-16 du *Cinquième et dernier livre des faicts et dicts heroïques du bon Pantagruel*, reliée naguère avec la *Navigation du Compaignon à la bouteille;* cette édition si rare, que j'avais souvent cherchée inutilement sous le n° 820 Y², se trouverait aujourd'hui, *par erreur*, sous le numéro de la seconde édition, donnée en 1565. Je crains qu'il n'y ait encore là une autre erreur, mais je suis trop malade pour y aller voir. En attendant, j'aime mieux croire à la bonne nouvelle que M. Magnin a bien voulu me transmettre. *Et nunc, plaudite, cives.*

XXXVI.

Monsieur l'Administrateur général,

Je vous remercie d'avoir fait cette solennelle déclaration dans votre *Lettre à M. Libri* : « Notre exemplaire de Nicot (*le Thresor de la langue françoise*), avec une reliure de cent cinquante ans, et une estampille ancienne, se trouve en place. » C'était dire un *nescio vos* officiel à l'exemplaire de Nicot, en maroquin rouge, aux armes du roi, que M. Libri vous offrait si généreusement pour être réintégré à la Bibliothèque Nationale. Mais la Bibliothèque Nationale n'a rien perdu ; elle ne demande rien, elle n'accepte rien. *Vade retro, Satanas!* dit-elle à M. Libri, qui lui présentait ce magnifique exemplaire d'un livre rare et précieux, en n'accusant personne de l'avoir soustrait depuis un siècle. M. Libri est donc resté maître de son exemplaire qu'il vous eût donné avec sa libéralité ordinaire, et que vous avez si péremptoirement refusé. Voilà comment la Bibliothèque Nationale en est réduite à n'avoir qu'un seul exemplaire, relié en veau brun, et déjà bien fatigué, d'un excellent ouvrage qu'on ne réimprimera jamais, et dont les philologues se serviront toujours. Ce n'est pas là rendre hommage au docte Jean Nicot, qui a importé en France le tabac (en usez-vous, Monsieur?) ou *nicotiane*, et qui a publié le premier vocabulaire français, le précurseur du Dictionnaire de l'Académie française.

Moi qui ne prends pas de tabac, et qui use souvent du *Thresor* de Nicot, j'ai prié M. Libri de me confier ce beau volume, que vous n'avez voulu ni reconnaître ni recevoir. Je l'ai reçu, moi, avec autant d'empressement que de gratitude, et j'ai constaté aussitôt qu'il n'avait pu sortir que de la Bibliothèque du Roi. N'en doutez pas, Monsieur ; c'est bien là le véritable exemplaire du roi, tandis que *votre* exemplaire en veau brun est un pauvre et modeste remplaçant qui ne devait pas tromper l'œil exercé d'un bibliothécaire tel que M. Magnin. Ce véritable exemplaire ne porte pas d'estampille, j'en conviens ; mais il porte au dos les restes d'une étiquette où l'on distingue encore la lettre de série X, tracée à la main, comme sur tous les livres de cette série à la Bibliothèque ; en outre, le feuillet de garde accuse l'existence d'un double numérotage qui a été gratté, en haut et au milieu du verso. Il suffit d'avoir quelque peu examiné la physionomie caractéristique des anciens livres de la Bibliothèque du Roi, pour affirmer (sans être expert, bien entendu), que le *Thresor* de Nicot a fait partie de ces livres, et pour avancer qu'il a dû être soumis au nouveau numérotage qui accompagna la rédaction du Catalogue imprimé de 1750. Quant à la lettre de série X, elle est encore un témoin irrécusable de l'origine de l'exemplaire. Ce n'est point à dire pourtant que cet exemplaire soit sorti de la Bibliothèque par une porte illégitime. N'avez-vous pas, d'ailleurs, pour excuse, les ventes et les échanges de doubles, qui se faisaient autrefois d'une manière si régulière et si loyale ? Il est possible que ce *Thresor* ait été échangé en 1815, comme le *Lancelot du Lac*. On ne saurait mettre trop de malheurs sur le compte de 1815. Je garderai, pour ma part de dépouilles opimes (quoique je ne sois pas un Cosaque), ce superbe exemplaire en maroquin rouge, qui fera contraste avec les tristes vestiges de ma bibliothèque (*Campos ubi Troja fuit*), et j'écrirai dessus cette note édifiante : « Exemplaire appartenant jadis à la Bibliothèque du Roi, renié et repoussé par M. l'Administrateur général de la Bibliothèque Nationale, qui ne veut pas que cinquante mille volumes aient disparu de cette Bibliothèque à différentes époques. »

Vous ne l'aurez donc pas, mon *Thresor* de Nicot, puisque vous vous contentez du *vôtre* (*Aurea mediocritas*) en veau brun. Je le léguerai peut-être à la Bibliothèque, quand le grand jour de la réforme aura brillé pour elle : alors, plus de prêt au dehors, plus de Salle de lecture publique, mais un catalogue bien rédigé, bien classé, et bien imprimé. Ce n'est pas l'affaire d'un Administrateur général. En attendant l'an de grâce de ce catalogue, je vous enverrai, non pas un *Thresor* de Nicot, sans estampille, mais un misérable volume estampillé, qui trouvera plus de lecteurs dans votre chauffoir philanthropique :

Tableau de Paris (par Mercier), nouv. édit. Tomes troisième et quatrième. *Amsterdam*, 1782, in-8, les deux tomes reliés en un volume, veau marbré; timbre de la Bibliothèque Impériale, L. 2048.

╫ A 2.

Cela vous aidera toujours à compléter vos 4,248 ouvrages incomplets (en 1834). C'est le travail de Pénélope; c'est le tonneau des Danaïdes.

Agréez, etc.

PAUL LACROIX
(BIBLIOPHILE JACOB).

14 novembre 1849.

XXXVII.

Monsieur l'Administrateur général,

Quand un ouvrage est incomplet à la Bibliothèque Nationale, il est bien rare que tous les exemplaires de cet ouvrage, que possède la Bibliothèque, ne soient pas également incomplets ; car les lecteurs et les emprunteurs s'adressent volontiers aux mêmes livres usuels : il leur en reste toujours quelque chose aux mains. Ainsi, je retrouvais, ces jours derniers, trois volumes du *Dictionnaire des Origines*, de Dorigny, et j'en retrouve encore un aujourd'hui, mais différent des autres par la reliure, et appartenant évidemment à un double exemplaire.

Dictionnaire des Origines, ou Époques des inventions utiles (par Jean-Baptiste-Abraham Dorigny). K-M. *Paris, J.-Fr. Bastien*, 1777, in-8°, relié en veau racine, tranche bleue, marbrée de blanc : timbre de la Bibliothèque Impériale. P. 520.

J.

Eussiez-vous dix exemplaires de ce livre-là, ils seraient tous plus ou moins incomplets ; car les compilateurs, pour qui la Bibliothèque semble faite, se jettent perpétuellement comme des corbeaux sur des compilations de cette espèce, pour en tirer d'autres compilations qui serviront elles-mêmes à de futurs compilateurs. Ainsi va le monde des compilateurs. Vous jugez bien, Monsieur l'Administrateur général, que j'ai peu d'entrailles pour de pareils bouquins, et que je pleure seulement les volumes qu'il serait impossible de remplacer. Dieu soit loué ! tant qu'il y aura des quais pour étaler de vieux livres, le *Dictionnaire des Origines* de Dorigny s'y promènera plus souvent que celui qu'il a engendré sous la paternité nominale de Noël et de Carpentier. Quant à ce dernier, je gagerais Molière contre Plaute, et Naudé contre Naudet, que vous en avez perdu au moins deux exemplaires. Acceptez-vous mon enjeu ?

Pardonnez-moi de me rappeler sans cesse Naudé, le grand bibliothécaire, le docte bibliographe Naudé, quand je songe à vous. J'ai toujours aimé les contrastes. N'ayez pas peur que je fasse confusion à votre endroit. Je relisais tantôt le *Naudæana*, qui ne vous concerne guère, et je me prenais à regretter qu'on ne pensât plus à recueillir les conversations de nos contemporains fameux, la quintessence de leur esprit et de leur érudition, à l'instar des *ana* d'autrefois. Voilà comment j'ai été conduit tout droit à désirer un recueil de cette espèce, qui se nommerait *Naudetana*, ne le trouvez pas mauvais. Dans ce recueil, que l'on pourrait confier à quelque historiographe de bibliothèque, on n'omettrait pas les paroles mémorables que vous avez prononcées en plein Conservatoire, sous les ministères de MM. Villemain, Cousin, Salvandy, Carnot, Achille de Vaulabelle et de Falloux; ce serait le code politique des bibliothécaires. On y verrait comment vous avez réussi à fonder votre règne sur les ruines de Champollion-Figeac et de Raoul Rochette. *Victrix causa diis placuit, sed victa Catoni.* Vous ne serez pas surpris que je reste l'ami dévoué de Champollion, misérablement calomnié; vous m'approuvez, sans doute, lorsque je proteste contre l'insolente destitution d'un de nos savants les plus illustres, Raoul Rochette.

Mais parlons d'*ana*. Etes-vous bien édifié sur vos richesses en ce genre? Vous croyez probablement que les ana, de même que les romans, sont exceptés de la lecture courante et renfermés sous vingt clefs, comme le Cécube et le Falerne d'Horace? Nenni, Monsieur; les ana se lisent, les ana se prêtent, les ana s'égarent, à la Bibliothèque Nationale. On vous a laissé les ana scientifiques, historiques, littéraires, *Menagiana*, *Sorberiana*, *Valesiana*, *Longueruana* et *tutti quanti;* mais vous n'avez plus rien, ou presque rien des recueils anecdotiques, plaisants, joyeux, *Gasconiana*, *Grivoisiana*, *Bievriana*, *Arnoldiana*, etc. Tous ces ana ne flairent pas comme baume, en effet, et l'œuvre de Cousin d'Avalon se sent un peu *des lieux que fréquentait l'auteur*. Ce n'est pas une raison pourtant de aire maison nette, à l'endroit des ana. Il y a du bon dans les ana, même dans ceux de Cousin d'Avalon ; une collection de ces sortes de livres serait très-curieuse, et celle que le libraire Hécart, de Valenciennes, avait formée (elle appartient maintenant à M. Louis Boca), mériterait de se faire relier en maroquin à la Bibliothèque Nationale. Faites l'appel de vos ana, de ces brebis égarées qui courent les champs, et tâchez de les réunir sous votre houlette, en écrivant sur votre chapeau, ainsi que le Colin de La Fontaine :

C'est moi qui suis Naudet, berger de ce troupeau.

Que si l'on vous demandait encore le *Poinsinetana*, comme on le demande tous les jours au bureau des conservateurs, remémorez-vous que les mystifications du petit Poinsinet sont à la fin des *Mémoires pour servir à la vie de Jean Monnet*, écrits par lui-même comme supplément au *Roman comique* (Londres et Paris, Barbou, 1772, 2 vol. in-12). C'est un ouvrage assez divertissant, qui s'en est allé depuis si longtemps qu'on désespère de le revoir à la Bibliothèque Nationale.

Agréez, etc.

PAUL LACROIX
(BIBLIOPHILE JACOB).

15 novembre 1849.

P. S. J'attends, j'attendrai toujours le volume du Catalogue inédit de votre Jurisprudence, volume qui ne verra jamais le jour et que la critique des bibliographes, plutôt que la révolution de 1792, a mis au pilon. Mais j'attache beaucoup de prix à ce volume, que vous estimez peut-être au delà de sa valeur, puisque vous ne l'avez pas encore accordé à mes sollicitations réitérées. Je conviens que les volumes dont je vous offre la restitution gratuite ne sont pas des raretés telles que votre Catalogue : je tâcherai de vous présenter quelque chose de mieux, qui puisse vous permettre de considérer comme un échange le don que je réclame de la Bibliothèque Nationale et de son Administrateur général. S'il est vrai que les proverbes soient la sagesse des nations et des bibliophiles : Les petits présents entretiennent l'amitié.

La suite à l'ordinaire prochain.

www.ingramcontent.com/pod-product-compliance
Ingram Content Group UK Ltd.
Pitfield, Milton Keynes, MK11 3LW, UK
UKHW012046240726
13965UKWH00003B/1093

9 782013 071468